GLOSSÁRIO MONOLÍNGUE EM LÍNGUA BRASILEIRA DE SINAIS

UMA IMPORTANTE FERRAMENTA NA FORMAÇÃO DE GUIAS-INTÉRPRETES SURDOS

Catalogação na Fonte
Elaborado por: Dayanne Leal Souza
Bibliotecária CRB 9/2162

M235g
2025

Makhoul, Ivonne Azevedo
Glossário monolíngue em Língua Brasileira de Sinais: uma importante ferramenta na formação de guias-intérpretes surdos / Ivonne Azevedo Makhoul. - 1. ed. - Curitiba: Appris, 2025.
165 p. : il. ; 23 cm. - (Coleção Linguagem e Literatura).

Inclui referências.
ISBN 978-65-250-7656-0

1. Glossário. 2. Libras. 3. Guia-intérprete. 4. Guia-interpretação. 5. Surdocegueira. 6. Surdo. 7. Sinais-termo. I. Makhoul, Ivonne Azevedo. II. Título. III. Série.

CDD - 419

Livro de acordo com a normalização técnica da ABNT

Appris editorial

Editora e Livraria Appris Ltda.
Av. Manoel Ribas, 2265 - Mercês
Curitiba/PR - CEP: 80810-002
Tel. (41) 3156 - 4731
www.editoraappris.com.br

Printed in Brazil
Impresso no Brasil

Ivonne Azevedo Makhoul

GLOSSÁRIO MONOLÍNGUE EM LÍNGUA BRASILEIRA DE SINAIS

UMA IMPORTANTE FERRAMENTA NA FORMAÇÃO DE GUIAS-INTÉRPRETES SURDOS

Appris editora

Curitiba, PR

2025

FICHA TÉCNICA

O surdo também pode ser formado em guia-intérprete para atuar com Surdocego.
(Lara Gontijo, 2014)

As respostas que nos mobilizam não são as respostas prontas, vindas de outras mentes, são as que conseguimos com nosso próprio esforço, à luz de nossos conhecimentos, nossos valores e nossa história de vida.
(Carlos Rocha, Os 7 Portais de Jaspe)

Os progressos obtidos por meio do ensino são lentos;
já os obtidos por meio de exemplos são mais imediatos e eficazes.
(Sêneca)

AGRADECIMENTOS

Acima de tudo, agradeço a Deus, naturalmente, pois graças a Ele cheguei aonde estou.

Além disso, graças a Ele, no plano Dele para mim, devo e finalmente posso agradecer.

À Pastoral do Surdo, onde iniciei minha atuação de Guia-Intérprete, nos meus tenros 18 anos, quando tive o primeiro contato com o Surdocego Juciê Júnior, e continuo me lapidando no ofício, com meus irmãos em Jesus no Curato Nossa Senhora do Silêncio.

A Éricka Macedo, minha melhor companheira de todos os momentos, minha inspiração, meu amor incondicional, pela paciência e tolerância, além de tradução do conteúdo da minha obra, e aos nossos filhos felinos Pierre, Bella e Evon, por me propiciar uma deliciosa terapia com suas estripulias e sonecas.

À minha mãe, Silvana Azevedo Makhoul, de quem herdei o amor pelo magistério, pela compreensão da minha ausência e pela revisão da minha obra, a quem amo sempre e fico devendo os cafunés.

Ao meu pai, José Jorge Makhoul, cuja perda se deu durante esta minha pesquisa, por conta da pandemia de covid-19. Fica aqui registrado o seu carinho inestimável, além da gratidão por me dar seu nome, da descendência da família libanesa, que levo com muito orgulho.

À minha avó paterna, dona Samira El Fahl, outra perda durante o mestrado, por transmitir a cultura árabe, tanto na culinária como nos costumes. E à minha avó materna, dona Ivone, de quem herdei o nome, pelos presentes bordados com mimo, cujo "xêro" quero sempre.

Ao meu irmão George José e à minha cunhada Chloé Léguillette, apesar de distantes e morarem em outro país, me concederam lindos sobrinhos Thais, Raphael e Noah, que só fazem a minha vida brilhar ainda mais.

Aos meus sogros, sêo João e Lúcia Macedo, à minha cunhada Nayara Macedo, além das famílias Medeiros e Garcia, pelos momentos de refúgio no luto pelos entes tão especiais à minha vida, durante o estresse do mestrado, e pela gastronomia mineira.

Às famílias Azevedo e Makhoul, pelas preciosas orações e incomensuráveis bençãos.

Aos amigos, notadamente, Cristina Norton, Ademar Júnior, Crislaine Barbosa, Raniere Cordeiro, Clarissa das Dores, Rodrigo A. Ferreira e Irlana Veloso, pelo suporte por meio de momentos de lazer, com papos distraídos, que deram um ar de liberdade durante a tensão da pesquisa, e Renata Rezende e Karin Strobel, que me acolheram em sua casa.

Aos Surdocegos Lara Gontijo, Ane Grazziela, Janaína Mainara, Carlos Alberto, Abdel Daoud, Carlos Eduardo, Valéria Peres e Rosani Suzin, pelo incentivo e a confiança no meu trabalho, reforçando a minha representatividade como Guia-Intérprete Surdo na comunidade surdocega.

Ao professor Steven Collins, que ampliou a minha visão sobre a importância da profissão e atuação de Guia-Intérprete, pela hospitalidade durante o intercâmbio na Gallaudet.

Às intérpretes Fátima Aladim e Sônia Marta, pelo valoroso apoio à esta obra.

Ao grupo de Tradutores e Intérpretes Surdos do Brasil, pelo contínuo aprendizado, pela transmissão e difusão da nossa língua dinâmica.

Aos colegas do IFMG Ouro Branco, por serem modelo de profissionalismo.

À UnB, pela acolhida, pelo aprendizado e pelo entrosamento com professores e colegas.

Por fim, mas não menos importante, à querida orientadora e professora Patrícia Tuxi, por me manter firme na pesquisa e me mostrar a importância e a relevância do meu tema.

Dedico esta obra aos profissionais intérpretes e tradutores surdos
e à comunidade surdocega, que me proporcionam uma experiência incrível.

APRESENTAÇÃO

Oriunda de família libanesa, descendente de imigrantes com orgulho, sou Surda de nascença e da cidade baiana de Feira de Santana. Considero que adquiri a Identidade Surda precocemente e tive a oportunidade de estudar em escolas de ouvintes com a orientação de uma fonoaudióloga com olhar e condução bilíngues. As escolas possuíam professores ouvintes que não sabiam a Língua de Sinais, mas tive intérpretes comigo da infância até o ensino médio. Tive, então, uma educação regular, Libras como primeira língua e Português escrito como segunda.

Dessa forma, minha trajetória educacional foi muito boa dentro da realidade de minha cidade, sem escola bilíngue e com muito apoio da minha família. Por isso, luto pelas escolas bilíngues para Surdos, porque conheço a realidade e desejo que os Surdos possam ter a oportunidade, que eu não tive, de estudar numa escola que saiba trabalhar com as demandas identitárias desse cenário.

Ainda na adolescência, atuei na Pastoral do Surdo e explodia de vontade de lutar pela criação da Associação dos Surdos de Feira de Santana. Essa foi uma luta longa e intensa, com esse movimento fortaleci a minha liderança e conheci mais os conceitos da Educação de Surdos. Assim, foi nesse contexto que, em 2010, concluí o ensino médio.

E é desde 2010 que tenho experiência como Instrutora de Libras por meio, teoricamente, do curso promovido pelo Centro de Apoio Pedagógico de Feira de Santana (CAP), após a aprovação do Prolibras de 2009. Trabalhei por mais de três anos na Associação dos Surdos como instrutora de Libras.

Minha vida acadêmica iniciou em 2011, ano em que tive o primeiro contato com um rapaz Surdocego denominado Juciê Júnior, num encontro católico na cidade alagoense de Arapiraca, experiência essa que me marcou e nela está baseada toda a minha motivação de possibilitar mais autonomia às pessoas Surdocegas.

Em 2015, fui contratada para trabalhar na Universidade Federal de Santa Catarina (UFSC), em parceria com RH Razão (sediada em Porto Velho/RO), na qual interpretei Libras Tátil para dois alunos surdocegos, em Florianópolis e Joinville.

Durante a minha graduação, fiz intercâmbio na Universidade Gallaudet, localizada na capital estadunidense, Washington D.C., onde estudei por seis meses na área de comunicação e comunidade Surdocega.

No primeiro semestre de 2016, concluí o curso de licenciatura em Letras-Libras na Universidade Federal de Santa Catarina (UFSC).

Atualmente sou professora de Libras, lotada no Instituto Federal de Minas Gerais (IFMG), desde fevereiro de 2017, e sou Guia-Intérprete de Surdocegos.

Sou casada com Éricka Macedo desde 2018, tendo nosso relacionamento iniciado em 2011. Resido na capital mineira, Belo Horizonte, há mais de oito anos, então sou "baianeira", pois amo de paixão as gastronomias e as culturas de ambos os estados.

PREFÁCIO

É com grande satisfação que apresento este estudo, que não apenas se insere em uma linha de pesquisa inovadora, mas também carrega uma profunda conexão com a trajetória pessoal e profissional da autora. Esta obra se concentra na área da Tradução e Práticas Sociodiscursivas, com especial atenção à figura do Guia-Intérprete Surdo, um campo ainda pouco explorado no Brasil, mas de enorme relevância para a inclusão e acessibilidade de pessoas surdocegas.

A obra tem como objetivo a construção de um glossário monolíngue, que reúne sinais-termo usados na Guia-Interpretação em Língua Brasileira de Sinais (Libras), um trabalho que visa suprir uma lacuna de recursos Terminológicos para os profissionais dessa área, e ao mesmo tempo estabelecer uma padronização na comunicação com Surdocegos pós-linguísticos que utilizam a Libras.

A pesquisa, guiada pela experiência pessoal da autora Surda como Guia-Intérprete, traz uma perspectiva única. Sua vivência prática, aliada à formação acadêmica, impulsionou a elaboração de um material que tem um impacto significativo na formação de outros Guias-Intérpretes Surdos. A experiência prática relatada nos diferentes contextos de atuação e o olhar crítico sobre a falta de estrutura e de formação adequada, não apenas na academia, mas também nas instituições de ensino e eventos voltados para a comunidade Surda, criaram um cenário que demandava uma resposta: como tornar a formação de Guias-Intérpretes mais sólida, acessível e efetiva?

Este estudo não é apenas acadêmico, mas também um manifesto, um chamado para o reconhecimento e a valorização da profissão de Guia-Intérprete Surdo, ainda carente de visibilidade e de uma padronização formal no Brasil. A proposta de criar um glossário e o desenvolvimento de materiais de formação para Guias-Intérpretes Surdos são passos significativos para o avanço dessa profissão e, mais do que isso, para a garantia de uma comunicação eficaz e inclusiva para a comunidade Surdocega.

Com a proposta de um modelo que favorece a formação técnica e a troca de saberes, o estudo aqui apresentado revela-se fundamental para o fortalecimento da profissão, do acesso à educação e da inclusão social. Ao mesmo tempo, é um testemunho da dedicação e do empenho da autora em se tornar não apenas uma profissional da área, mas também uma defensora da qualificação e valorização do trabalho dos Guias-Intérpretes Surdos no Brasil.

Este livro, portanto, é mais do que a documentação de um estudo acadêmico: é um importante recurso para a formação e o aperfeiçoamento de Guias-Intérpretes, e um passo decisivo para a promoção de uma comunicação acessível e de qualidade para todos os Surdocegos, com ênfase na utilização da Língua Brasileira de Sinais, especialmente na modalidade Libras Tátil e Libras em Campo Reduzido.

Espero que esta obra inspire profissionais, pesquisadores e todos os interessados em traduzir e interpretar as linguagens e as experiências dos Surdocegos com mais clareza, respeito e sensibilidade.

Patrícia Tuxi

Doutora em Linguística e mestre em Educação pela Universidade de Brasília (UnB).
Professora da UnB, atua no Instituto de Letras,
no Departamento de Linguística, Português e Línguas Clássicas (LIP).

SUMÁRIO

INTRODUÇÃO

Este trabalho se insere na linha de pesquisa Tradução e Práticas Sociodiscursivas, desenvolvida no Programa de Pós-Graduação em Estudos da Tradução (POSTRAD) e no Laboratório de Tecnologia dos Estudos da Tradução e Interpretação das Línguas de Sinais do Brasil e do Mundo (LabTecTrad.). O objeto de estudo são os Guias-Intérpretes Surdos[1], com o objetivo de criar um glossário monolíngue com os sinais-termo do campo da Guia-Interpretação em Língua Brasileira de Sinais – Libras. O público-alvo desta pesquisa são profissionais que atuam, de maneira formal ou informal, como Guias-Intérpretes com pessoas com Surdocegueira pós-linguística[2], usuárias da Língua Brasileira de Sinais – Libras.

Para alcançar nosso objetivo, esta pesquisa propõe-se a: i) realizar um levantamento bibliográfico acerca de pesquisas, artigos e trabalhos na última década acerca da Surdocegueira; ii) investigar cursos de formação que são oferecidos a esses profissionais; iii) verificar as grades curriculares das universidades públicas e particulares de formação de Bacharelado com foco em Línguas Brasileira de Sinais – Libras; e iv) contrastar as nomenclaturas utilizadas na área de Guia-interpretação no Brasil com outros países.

A motivação principal para a realização desta pesquisa é meu caminho enquanto Guia-Intérprete que teve início na educação bilíngue recebida na minha infância, em escolas regulares com presença de intérprete de língua de sinais (LS), na cidade baiana de Feira de Santana. Mesmo sendo a única Surda da família, tive a oportunidade de usar diariamente a Libras na escola e nas sessões de fonoaudiologia bilíngue – atendimento realizado por profissional que usava a fala e a comunicação visual. Aprendi a língua portuguesa, na forma escrita, por meio da minha língua de instrução, a Libras. É preciso esclarecer que, mesmo a pessoa Surda sendo oralizada, a relação com o mundo ocorre pela língua de sinais.

---

[1] O sujeito Surdo se define com letra S maiúscula. Seguindo Castro Junior (2011, p. 12) utilizarei o termo Surdo com letra maiúscula como "forma estratégica de empoderamento, na necessidade de reconhecer o Surdo com suas especificidades linguísticas e a sua identidade vivenciada nos artefatos culturais, através das manifestações na LSB".

[2] "O surdocego pós-linguístico é aquele que apresenta uma deficiência sensorial (auditiva ou visual) e adquire a outra após a aquisição de uma língua (portuguesa ou de sinais), ou adquire a surdocegueira, após já comunicar-se por algum idioma, sem portar nenhuma deficiência anteriormente" (Especial [...], 2002).

Outro ponto forte na minha criação foi o envolvimento contínuo com a comunidade Surda católica, na qual, inclusive, ocorreu a minha primeira atuação como Guia-Intérprete, sem uma prévia formação. Atuei de forma voluntária, durante um evento de formação de catequistas promovido pela Pastoral do Surdo de Arapiraca-Alagoas, atendendo a um membro da comunidade que tinha baixa visão e surdez congênita, ou seja, nasceu Surdo com resíduos da visão. Devido a esse quadro, ele adquiriu uma língua visual e, por necessidade e pelo fato de não dispor de profissional adequado, contava somente com sua irmã, que assumia o papel de intérprete. Ela ora sinalizava para o público em geral, ora para ele. Convém lembrar que, à época, no ano de 2011, eu não sabia tampouco da existência da profissão de Guia-Intérprete, mas posso afirmar que a experiência, em si, foi marcante e influenciou muito a minha autoafirmação como Guia-Intérprete.

A consolidação dessa decisão decorreu após a minha admissão no curso presencial de licenciatura em Letras-Libras, na Universidade Federal de Santa Catarina (UFSC), em 2012. Durante as aulas, tive contato com colegas Surdocegos e foi possível conhecer mais sobre os processos de guia-interpretação na modalidade Libras Tátil[3]. Na mesma universidade, no ano de 2013, conheci o professor norte-americano Steven Collins, de Gallaudet University. Graças ao seu incentivo, participei do intercâmbio na Gallaudet University, em Washington, no Distrito de Columbia (DC), pelo período de um semestre do ano de 2014. Meu projeto foi aprovado e o tema era o atendimento aos Surdocegos em suas várias formas de comunicação, em vários contextos sociais.

Lembrando aqui que tanto na UFSC como na Gallaudet University, a língua de instrução é a língua de sinais nacional: Libras e ASL, respectivamente. Como Libras é a minha língua natural, tenho facilidade de compreender línguas estrangeiras, na sua modalidade visual. Portanto, a aquisição do conteúdo ministrado em ambas as instituições foi satisfatoriamente proveitosa, graças à relação direta com o professor bilíngue.

Retornei ao Brasil em 2015 e recebi uma oferta de emprego para atuar como Guia-Intérprete, na forma de contrato terceirizado, junto à

[3] A definição de Libras Tátil compreende o conceito da Almeida (2004) e Carillo (2008) relativo à língua de sinais tátil ou apoiada e refere "Quando ocorre a interação pelo tato, como definido por Bitti e Zani (1977), como um elemento "proxêmico", ou seja, a proxêmica é a capacidade de fazer variar as atitudes espaciais e as distâncias interpessoais do ato de comunicação, uma vez que o espaço da realização dos sinais é sempre reduzido" e "O surdocego coloca uma das mãos (ou ambas) sobre as do guia-interprete, de maneira que toda a mensagem sinalizada seja sentida e compreendida através do tato".

equipe de intérpretes da UFSC. O trabalho seria realizar atendimento a alunos Surdocegos, sendo um no curso presencial de Letras-Libras e outro no curso de licenciatura de Letras-Libras à distância, no polo de Joinville/SC. Foi o primeiro emprego registrado na minha carteira de trabalho e previdência social (CTPS), o qual durou um ano.

No mesmo período, visando ao aperfeiçoamento profissional, participei do curso de capacitação sobre técnicas de orientação e mobilidade, promovido e realizado pela Associação Educacional para Múltipla Deficiência (Ahimsa[4]), permitindo compreender mais o sujeito Surdocego.

Ao contrário da UFSC e Gallaudet, aqui o conteúdo foi ministrado em língua portuguesa, tanto na forma oral como escrita, denotando, desde já, o costume e a preferência pelo público ouvinte. Um episódio que marcou e me fez perceber o descaso com os Guias-Intérpretes Surdos foi o despreparo da instituição, ainda que seja referência na área, em receber participantes surdos. Nesse curso, além de mim, havia mais uma colega Surda, para o período de 5 dias. No primeiro dia, simplesmente não havia acessibilidade de comunicação por meio de Libras, não havia intérprete, a professora não sabia Libras, e como ficamos? À mercê de nós mesmos, tentando compreender a aula. Infelizmente foi uma perda, em geral. Só foi disponibilizado profissional intérprete a partir do segundo dia. Porém, confesso que é preferível adquirir o conhecimento diretamente com o professor bilíngue ao intermediado pelo intérprete, com professor que não valoriza Libras. O que me estranha é que, sendo Libras Tátil uma dentre várias formas de comunicação com a comunidade surdocega, a professora não saber passar isso! Atualmente, a oferta de eventos, na forma de oficinas, minicursos, dentre outros, é voltada para o público ouvinte. Por mais que os Surdos se interessem em participar neles, por falta de acessibilidade não ficam motivados a ingressarem para seu aperfeiçoamento profissional. Considerando isso, um dos meus objetivos é disponibilizar o conteúdo a esse público marginalizado, de modo que possa aumentar a quantidade de profissionais Guias-Intérpretes Surdos para atendimento, cada vez mais pleno, aos sujeitos Surdocegos.

Após a colação de grau como licenciada em Letras-Libras pela UFSC, em 2016, mudei para Belo Horizonte por motivos pessoais e profissionais.

Na nova morada, tive oportunidade de ministrar curso de *American Sign Language* (ASL) na Federação Nacional de Educação e Integração de

---

[4] A Ahimsa é uma entidade civil, de caráter filantrópico e sem fins lucrativos, fundada em 4 de março de 1991. Ver mais em: http://www.ahimsa.org.br/.

Surdos (Feneis), assim como oficinas de comunicação e atendimento aos Surdocegos para Surdos na Capelania da Pastoral do Surdo da Arquidiocese de Belo Horizonte/MG. Estava como vice-líder da comissão de atendimento aos Surdocegos na instituição, que, por sua vez, foi transformada em Curato Nossa Senhora do Silêncio em 2019. Desde fevereiro de 2020, atuo no núcleo de Tradutores e Intérpretes (TILS) da arquidiocese da metrópole mineira como Guia-Intérprete, onde elaboro a escala mensal de voluntários e atuo no atendimento aos Surdocegos.

Durante o trabalho realizado nas instituições mencionadas, foi possível perceber as constantes divergências dos sinais-termos[5] realizados na forma tátil e nas atuações dos profissionais. Não há um consenso sobre as estratégias utilizadas pelos guias durante o uso da Libras ou da Libras Tátil, principalmente em campo reduzido[6]. Também não ficavam claras quais formas, estratégias, interpretações ou mesmo traduções eram possíveis de ocorrer nessa modalidade de comunicação. Talvez a ausência de divulgação de pesquisas já realizadas ou mesmo a falta de consenso da comunidade Surdocega geraram um "nó conceitual" acerca da Guia-interpretação, levando a ruídos na comunicação com Surdocegos.

Percebendo os vários conceitos e a forma como têm ocorrido processos de Guia-interpretação, surgiram as seguintes dúvidas: há formação de Guias-Intérpretes no âmbito acadêmico no Brasil? Quais materiais de apoio para formação do guia e o que os livros e cursos oferecem? Quais os termos e quais processos de tradução e interpretação o GI utiliza no âmbito da guia-interpretação? Existem materiais em Libras sejam na forma de DVD ou em redes sociais, ou apostilas escritas em sinais para compartilhar com Surdos que desejam no futuro atuar como GI? Como se dá o encaminhamento de interessados Surdos para os cursos de formação? Como motivá-los? Como disponibilizar o glossário aos profissionais Surdos para oferecer informação e formação para GI na comunicação com Surdocegos?

A partir desses questionamentos, surgiu o meu desejo de formalizar no mestrado a busca de termos consoantes aos processos de tradução e interpretação que possibilitem a boa formação de Guias-Intérpretes,

---

[5] Cunhamos, em nossa pesquisa, o termo "sinal-termo" para designar um sinal que compõe um termo específico da LSB, no caso desta pesquisa, os sinais-termo apresentados referem-se a termos do Corpo Humano apresentados em LSB (Costa, 2012, p. 33).

[6] A língua de sinais em campo visual reduzido é uma forma de comunicação adaptada para que ocorra por meio do canal visual e que seja perceptível pela pessoa com Surdocegueira.

principalmente nas categorias de Libras Tátil e Libras em campo reduzido, dirimindo incongruências na transmissão de informações para Surdocegos pós-linguísticos com fluência em Libras, sempre objetivando a harmonia entre Guias-Intérpretes e Surdocegos fluentes em Libras, nas esferas de Libras Tátil e de Libras em campo reduzido.

Para responder as perguntas feitas acima e alcançar o objetivo proposto, organizamos este livro em quatro capítulos. No primeiro, apresentaremos uma breve retrospectiva acerca das formações oferecidas no Brasil; elencamos a legislação que respalda a profissão; analisamos os cursos universitários, no intuito de identificar se há disciplinas voltadas para a formação do Guia-Intérprete.

No segundo capítulo, traremos a importância da Terminologia nos Estudos da Tradução e Interpretação das Línguas de Sinais – ETILS e o glossário como ferramenta de apoio, aprendizagem e formação de Guias-Intérpretes.

No terceiro capítulo, apresentaremos a metodologia que tem como base a elaboração de dicionários e glossários dos estudos de Tuxi (2017) e Martins (2018). A pesquisa tem como princípio a abordagem dos Estudos da Tradução e da Terminologia e tem como procedimento: a) organização dos SINAIS-TERMO TÁTIL[7] utilizados no universo da guia-interpretação dos termos em português; b) seleção dos informantes; c) seleção dos juízes; d) organização de questionários; e) avaliação e validação de sinais-termo; f) preenchimento da ficha terminológica; g) registro dos sinais-termo validados e publicação em site próprio para uso de Guias-Intérpretes surdos. O trabalho coletou e registrou 38 termos e possui 38 sinais-termo. Após o registro nas fichas terminológicas, os sinais-termo foram validados e fizemos os registros de forma midiática.

No quarto capítulo, enfim apresentamos a organização do glossário monolíngue e uma proposta de formação de Guias-Intérpretes.

Para finalizar, em seguida aos capítulos, apresentaremos as considerações finais, as referências e os apêndices. Informamos, ainda, que as figuras com a autora (2020) são de nossa autoria para fins deste livro e que os textos que estavam em língua estrangeira foram traduzidos para a língua portuguesa sob nossa responsabilidade.

[7] Aqui trabalhado o termo pela pesquisadora Ivonne Makhoul após qualificação realizada junto ao Prof. Dr. Castro de Gláucio Junior e com apresentação conceitual no capítulo a seguir.

CAPÍTULO 1

O GUIA-INTÉRPRETE NO BRASIL: RELATOS DE UMA FORMAÇÃO

Este capítulo está organizado em três partes com o objetivo de melhor apresentar o conceito de Guia-Intérprete e sua formação. Iniciamos investigando os diversos cursos de formação oferecidos no Brasil e a origem deles, a partir de uma linha cronológica. Em seguida, elencamos legislações que citam a profissão e que determinam seu papel ou função. Finalizamos o capítulo, apresentando as grades curriculares das universidades públicas e particulares de formação de bacharelado em Línguas de Sinais – LS, com o objetivo de analisar se há disciplinas que oportunizem a formação de GI. Todo o percurso adotado teve como objetivo maior reconhecer os pressupostos que formam o Guia-Intérprete – GI no Brasil.

1.1 CURSOS DE FORMAÇÃO NO BRASIL: UMA PERSPECTIVA CRONOLÓGICA

As referências históricas sobre a Guia-interpretação são ainda escassas, senão inexistentes no caso de Guias-Intérpretes Surdos. No Brasil, em especial, há poucos registros sobre o início da profissão, tornando assim difícil apontar quando tenha ocorrido e quem tenha participado dos primeiros processos de comunicação em Língua Brasileira de Sinais – Libras com Surdocegos. Dessa forma, para uma melhor compreensão sobre os Guias-Intérpretes no Brasil, iremos apresentar, por meio de uma organização cronológica, cursos que tinham por objetivo a formação de GI para atuarem junto a Surdocegos em diversos contextos sociais.

O primeiro registro de formação ocorreu em 1999. Um curso realizado entre a Federação Nacional de Surdos da Colômbia (Fenascol), o Programa para a Criação de Associação de Pessoas Surdocegas em América Latina (Poscal) e a Associação de Surdocegos Suecos (FSDB).

Segundo Araújo (2019), o curso teve a duração de uma semana, com carga horária de 48 horas e foi realizado na cidade paulista de São

Caetano do Sul/SP. Contou com a participação de 13 convidados ligados às instituições que atendiam pessoas com Surdocegueira. O curso, intitulado "Formação de Guias-Intérpretes", também foi realizado com participantes do Peru, do Equador e da própria Colômbia. Dentre as 13 pessoas, duas foram representantes brasileiras e que passaram a ser multiplicadores, com a função de formar novos Guias-Intérpretes.

Como resultado do curso, no ano de 2004 foi criado uma rede de suporte *online* que tinha como objetivo apoiar a formação de profissionais para a capacitação.

A seguir apresentamos o conteúdo programático do curso, que ocorreu em São Paulo no ano de 1999, com os tópicos que consideramos de maior destaque e importantes para esta pesquisa.

Quadro 1 – Primeiro curso

1º Curso – Ano de 1999 Nome do Curso: **Capacitação dos Guias-Intérpretes empíricos para pessoas com surdocegueira.** Local: São Caetano do Sul, São Paulo, 25 a 30 de outubro de 1999. Ministrado por: María Margarita Rodriguez Plazas – Consultora especialista em Guia-interpretação. Duração: 48 horas.
Apresentação da capacitação: Objetivos e estrutura **Indivíduo Surdocego** – Definição de Surdocegueira. – Caracterização da população com Surdocegueira. – Classificação da população com Surdocegueira. – Sistemas de Comunicação utilizados pelas diferentes pessoas com Surdocegueira. – Ajudas existentes para as pessoas com Surdocegueira. – Principais necessidades que, como grupo, se manifestam as pessoas com Surdocegueira. **Reconstrução da Organização da Comunidade de pessoas com Surdocegueira** – Organização da Comunidade de Pessoas com Surdocegueira no mundo – Organizações internacionais que apoiam os programas de habilitação e reabilitação para pessoas com Surdocegueira. – Organização da comunidade pessoas com Surdocegueira na América Latina. – Organização Nacional de pessoas com Surdocegueira.

Generalidades sobre a interpretação: Conceitos básicos

– Tradução.

– Interpretação.

– Intérprete e Guia-Intérprete.

– Associação de Intérpretes.

– Papel do Guia-Intérprete.

– Papel da pessoa com Surdocegueira e do Guia-Intérprete dentro das associações de pessoas com Surdocegueira.

– Intérpretes certificados e intérpretes empíricos.

– Justificação do treinamento de Guias-Intérpretes empíricos para pessoas com Surdocegueira.

Técnicas de Guia-interpretação para pessoas com Surdocegueira: Guia, Descrição Visual e Interpretação

– Considerações Gerais.

Técnicas de Descrição Visual

– Dinâmicas.

– Aspectos Gerais ao se fazer a descrição visual.

– Descrição do entorno físico: interior e exterior.

– Descrição de banheiros.

– Descrição interpessoal.

– Como colocar uma pessoa com Surdocegueira em contato com um objeto.

Técnicas de Guia

– Aspectos gerais de como guiar uma pessoa com Surdocegueira.

– Mudar de lado.

– Mudar a direção a 180º.

– Guia em lugares estreitos.

– Guia ao passar por uma porta.

– Guia ao subir e descer escadas.

– Guia para utilizar escadas rolantes.

– Como sentar a pessoa com Surdocegueira em uma cadeira.

– Como guiar e se sentar em lugares públicos: auditório, teatro etc.

– Guiar em transportes: metrô, carro, ônibus etc.

– Guiar em vias públicas.

– Deslocamento independente da pessoa com Surdocegueira.

Técnicas de Interpretação
– Diretrizes gerais de interpretação.
– Transmissão de informações para linguísticas.
– Preparação para a interpretação.
– Aspectos relevantes quanto à comunicação usada pela pessoa com Surdocegueira.
– Língua de Sinais Tátil.
– Língua de Sinais em Campo Reduzido – Alfabeto manual tátil.
– Meios técnicos e saída Braille.
– Leitura orofacial.
– Língua Oral ampliada.
– Responsabilidades do Guia-Intérprete em situações específicas.
– Responsabilidades do Guia-Intérprete em situações de alimentação.
– Responsabilidades do Guia-Intérprete em que a pessoa com Surdocegueira deva assinar.
– Responsabilidades do Guia-Intérprete ao colocar uma pessoa com Surdocegueira em um recinto.
– Responsabilidades do Guia-Intérprete em situações de compras.
– Responsabilidades do Guia-Intérprete perante a correspondência ou documentos pessoais.
Ética /Oficina/Ética do Guia-Intérprete
– Confidencialidade.
– Fidelidade e exatidão.
– Imparcialidade.
– Seletividade.
– Discrição.

Fonte: Programa de Capacitação de Guias-Intérpretes empíricos para pessoas com Surdocegueira (Apostila Dalva Rosa Watanabe)[8]

A partir da leitura dos conteúdos expostos anteriormente, é possível compreender que no primeiro item — **Indivíduo Surdocego** — a formação teve o objetivo de conscientizar o profissional que atua como Guia-Intérprete quanto ao seu papel e tratamento em relação ao Surdocego e suas características, suas peculiaridades, várias formas de comunicação, Tecnologias Assistivas específicas para esse público, assim como suas

[8] Ver LOURENÇO, S. E. Guia-Intérprete para pessoa com surdocegeueira: Reflexão sobre as tendências e perspectivas de sua formação. **Porsinal**, [*s. l.*], 2012. Disponível em: https://www.porsinal.pt/index.php?ps=artigos&idt=artc&cat=16&idart=107. Acesso em: 11 fev. 2025.

necessidades inerentes à Surdocegueira. Daí a importância desse item na formação, dando uma visão geral sobre o que é o Guia-Intérprete.

O segundo tópico — **Reconstrução da organização da comunidade de pessoas com Surdocegueira** — trata da exposição de instituições representativas de pessoas com Surdocegueira no mundo, na América Latina e nacionalmente. Uma dúvida surgiu durante a leitura do texto, o uso da palavra "reconstrução". Reconstruir o quê? Um sistema sociopolítico, no âmbito civil, que represente efetivamente a população Surdocega? Fica o pensamento no ar. Acreditamos que o termo reconstruir não foi empregado pelo seu real significado, portanto o tópico deixa dúvidas do real objetivo.

Em relação ao ponto que trata sobre **Generalidades sobre a interpretação: conceitos básicos**, elementos importantes são exibidos, pois vários termos e diversos papéis são apresentados, além da distinção entre tradução e interpretação. Como o material dessa formação se encontra ausente, não nos é possível verificar os conceitos de cada um, apenas entender a partir do tópico e do texto apresentado.

O tópico seguinte trata de várias **Técnicas de guia-interpretação para pessoas com Surdocegueira**. Contudo, com o material indisponível, temos apenas os tópicos que são apresentados na obra mencionada, fica a incerteza se as considerações gerais relacionaram os conceitos e as características de cada técnica, o que seria possível de compreender melhor, caso tivéssemos o material do curso.

O próximo tópico aborda as **Técnicas de Descrição Visual**. É um tópico interessante, pois o consideramos de grande importância para a formação de Guias-Intérpretes Surdos. Aborda sobre a comunicação feita em Libras Tátil e/ou campo reduzido. Ambos devem ser incluídos nos currículos de formação de Guia-Intérprete, Surdos ou não Surdos. Como Surda, acredito que, para nós, seja propício por causa do sentido de visão aguçado. As técnicas de descrição visual expõem as dinâmicas entre Guias-Intérpretes e Surdocegos, com descrição de ambientes físicos.

A seguir, temos **Técnicas de Guia**. Esse tópico é mais indicado para a formação de guia-vidente. Traz um currículo distinto, pelo fato de ser ensino de forma de Mobilidade, Orientação e Deslocamento. É outro ponto que amplia o campo de Guia-Intérprete Surdo com mais esse saber, que é a peculiaridade visuoespacial.

Chegamos ao ponto sobre as **Técnicas de Interpretação**, em que os quatro primeiros itens, referentes às diretrizes gerais de interpretação, transmissão de informações para a linguística, preparação para a interpretação e aspectos relevantes quanto à comunicação usada pela pessoa Surdocega, estão de acordo com o título do tópico em questão. Quanto aos elementos relativos aos usos de língua (Tátil, em Campo reduzido, Orofacial, Oral ampliada) e aos meios técnicos e saída (Braille) deveriam ser tratados em parte distinta, concernente às formas de comunicação. Sobre as responsabilidades, nas últimas unidades do tópico, também devem ser tratadas à parte, devendo observar se são adequadas ao papel de guia-vidente ou Guia-Intérprete, conforme atribuição elencada. Não foi possível constatar se foram trabalhadas estratégias de interpretação.

Em relação ao item Ética, hoje já temos uma organização mais estruturada que se encontra no Código de Conduta e Ética (CCE), adotada pela Federação Brasileira das Associações dos Profissionais Tradutores e Intérpretes e Guia-Intérpretes de Língua de Sinais – Febrapils[9]. Porém, no conteúdo analisado, nosso destaque é para o item Confidencialidade. Atualmente, essa é uma questão que está sendo bem discutida no meio acadêmico e profissional. Muito se tem questionado sobre o conceito de confidencialidade e ética no espaço dos Estudos da Tradução e Interpretação das Línguas de Sinais (Etils). Quanto aos demais aspectos, devido à inexistência do material utilizado no curso, carece de mais informações quanto à sua forma de aplicação e real conteúdo além dos títulos.

Por fim, no tocante à bibliografia, está desprovida de fontes e referências, portanto impossibilita o aprofundamento da origem dos conceitos utilizados no curso.

Seguindo a ordem do tempo, passamos para o curso "Curso para formação de guia-intérprete no Brasil", que ocorreu no ano de 2011 e foi oferecido pela Associação Brasileira de Surdocegos (Abrasc)[10] e pelo Grupo Brasil de Apoio ao Surdocego e ao Múltiplo Deficiente Sensorial[11]. Além de ter uma grade um pouco mais diferenciada, é importante perceber o

[9] A Federação Brasileira das Associações dos Profissionais Tradutores e Intérpretes e Guia-Intérpretes de Língua de Sinais (Febrapils) é uma entidade profissional autônoma, sem fins lucrativos ou econômicos, fundada em 22 de setembro de 2008, de duração indeterminada, com personalidade jurídica de direito privado, qualificável como de interesse público e pertencente ao território brasileiro. Ver mais em: http://febrapils.org.br/quem-somos/.

[10] A Abrasc não possui um site, mas pode ser contatada no *e-mail:* abrascsofia@hotmail.com, e pelo Facebook.

[11] Grupo Brasil de Apoio ao Surdocego e ao Múltiplo Deficiente Sensorial é uma ONG criada em 1997 para unir as entidades que atendem pessoas com Surdocegueira. Em seu site, é possível consultar as instituições filiadas em cada região do país, conhecer as ações realizadas por elas, as publicações da organização e suas campanhas. Ver mais em: https://apoioaosurdocego.com.br/.

espaço de tempo que ficou do primeiro curso para o segundo. São 11 anos sem qualquer material de formação — não localizamos nada em nossas pesquisas — como se a formação da área ficasse parada em tanto tempo. O interessante é que no mesmo período houve um grande desenvolvimento da Libras e dos Tradutores e Intérpretes da Língua de Sinais – TILS no Brasil. Fica então a dúvida do porquê de tanto tempo sem uma formação efetiva e nacional.

Quadro 2 – Atualização do curso

Curso – Ano de 2011 Curso para formação de Guia-Intérprete no Brasil (2011) Ministrado pela equipe da Abrasc – Associação Brasileira de Surdocegos[12] e Grupo Brasil[13]. Duração: 48 horas
Conteúdos programáticos: Contextualização da História do Projeto Pontes e Travessias História da Educação da Pessoa com Surdocegueira no Mundo e no Brasil • A história da Educação da pessoa com Surdocegueira no mundo • Pessoas com Surdocegueira conhecidas pelo mundo • A história da Educação de Pessoas com Surdocegueira no Brasil • Pessoas com Surdocegueira conhecidas no Brasil • Parcerias e intercâmbios Criação da ABRASC – Associação Brasileira de Surdocegos • Identidade da ABRASC • Missão • Visão • Objetivos Terminologia e definição • Aspectos da Surdocegueira adquirida • Terminologia Surdocego ou surdocego? • Perspectiva geral sobre Surdocegueira – O que é Surdocegueira – Quem é o indivíduo com Surdocegueira?

[12] A rede social deles pode ser acessada em: https://www.facebook.com/associacaobrasileiradesurdocegos/.

[13] Acesse: https://www.grupobrasilscdum.org/ e https://apoioaosurdocego.com.br/.

– A Pessoa com Surdocegueira congênita
– A Pessoa com Surdocegueira adquirida
– Quais são as causas da Surdocegueira?
– Quais são as dificuldades e desafios enfrentados pelas pessoas com Surdocegueira
– Quais são as dificuldades e desafios enfrentados pelas famílias e profissionais

Síndrome de Usher

- Ajustamento psicológico para o diagnóstico da Síndrome de Usher
- Classificação Síndrome de Usher
- tipo I
- tipo II
- tipo III

Direitos

- Direitos das pessoas com surdocegueira
- Direitos da pessoa com deficiência

Guia-Intérprete, Direitos e Técnicas de Interpretação

- O Guia-Intérprete
- Técnicas de Guia-interpretação para pessoas com surdocegueira
- Interpretação e descrição
- As competências de um profissional tradutor-intérprete:
- Competência linguística
- Competência para transferência
- Competência metodológica
- Competência na área de conhecimento
- Competência bi cultural
- Competência técnica
- Modelos de tradução de interpretação
- Modelo cognitivo
- Modelo interativo
- Modelo interpretativo
- Modelo comunicativo
- Modelo sociolinguístico
- Modelo do processo de interpretação
- Modelo bilingue e bi cultural
- Técnicas de descrição de imagem, objetos, pessoas e ambientes internos e externos
- Comunicação de pessoas com Síndrome de Usher

Ética

- Código de ética do intérprete/guia intérprete
- Código de ética da Apilsbesp – Associação dos Profissionais Intérpretes e Guias-Intérpretes da Língua de Sinais Brasileira do Estado de São Paulo
- Condutas

Sistemas de Comunicação/Formas de Comunicação

- Libras tátil
- Libras em Campo reduzido
- Braille tátil
- Fala ampliada
- Escrita na palma da mão
- Uso do dedo como lápis
- Placas alfabéticas com letras
- Placas alfabéticas em Braille
- Meios técnicos com saída em Braille
- Alfabeto manual tátil
- Alfabeto com duas mãos
- Tadoma
- Escrita Ampliada
- Sistema Lorm
- Sistema Malossi

Sistema Braille

- Louis Braille
- O Sistema Braille

Tecnologias Assistivas

Aspectos Emocionais de Pessoas com Surdocegueira Adquirida

1 – O impacto da segunda perda sensorial

- Surdocegueira na Fase da Adolescência
- Surdocegueira na Fase Adulta

2 – Familiares

3 – A importância dos profissionais para pessoas com surdocegueira

- Comunicação e importância do Guia Intérprete
- Profissionais da área da saúde dando atenção específica às pessoas com surdocegueira

4 – Resiliência

<u>Orientação e mobilidade</u>

• Técnica de orientação e mobilidade – "guia vidente"

– Técnicas utilizadas pelo cego em relação ao guia vidente

– Técnica básica – contato

– Passagens estreitas

– Portas fechadas

– Descer escadas

– Subir escadas

– Aproximar-se e sentar-se em uma cadeira

– Sentar-se à mesa

– Entrar, sair e sentar-se em um auditório

Técnicas utilizadas somente pelo cego

Técnicas de proteção superior e inferior

Técnica de seguir linhas-guias

Técnica de tomada de direção- alinhamento perpendicular; alinhamento paralelo;

Técnica para localização de objetos caídos ou jogados ao chão

<u>Orientação e mobilidade para pessoas com Surdocegueira adquiridas</u>

• Definição de O & M

• Um pouco de história

• Necessidades específicas das pessoas com Surdocegueira para desenvolver a orientação e mobilidade

• Fatores interdependentes da orientação e mobilidade

O programa de orientação e mobilidade para pessoas com surdocegueira adquirida

A) Guia vidente. Adaptações realizadas para pessoas com surdocegueira adquiridas

1) aproximando-se de uma pessoa com surdocegueira:

2) posicionando os braços

2.1) adaptações necessárias para posicionamento de braço:

3) passando por lugares estreitos:

3.1) adaptações

4) abrindo portas

4.1) transferência de lado

5) utilizando escadas. Adaptação necessária

5.1) antecipação

5.2) apoio do corrimão

5.3) parada estratégica

6) sentar-se. Adaptações necessárias 7) entrando no carro 7.1) verificando a altura da maçaneta 7.2) verificando a altura do carro B) técnicas com a bengala longa 1) utilizando tecnologia assistiva (loops – aparelho no formato de rádio frequência que amplifica o som) 1.1) uso de bengala longa com roller 2) uso da pré-bengala 3) usando placa de comunicação 4) técnica das "pontes": Legislação • Lei da Acessibilidade • Declaração dos Direitos das Pessoas com Deficiência (ONU) • Constituição Federal • Leis do Dia do Surdocego: Lei n.º 14.189 de 17 de julho de 2006 (PMSP) e Lei n.º 12.899, de 08 de abril de 2008 (Estado de São Paulo) • Lei do Tradutor/Intérprete da Língua Brasileira de Sinais • CBO – Classificação Brasileira de Ocupações • Decreto n.º 6.949/2009 – Da Convenção Internacional sobre os Direitos da Pessoa com Deficiência • Política Nacional de Educação Especial/2008 Central de Libras – CELIG

Fonte: Apostila Curso Guia-Intérprete – Projeto Pontes e Travessias – Grupo Brasil de Apoio ao Surdocego (2011)[14]

O curso de formação de Guia-Intérprete, realizado em 2011, foi ministrado pela equipe da Associação Brasileira de Surdocegos (Abrasc) e Grupo Brasil[15], ora exposto anteriormente. Inicia contextualizando a história do projeto Pontes e Travessias. Infelizmente o material completo do curso também está indisponível. Nossas informações advêm de artigo publicado na série de pesquisas intitulado "Libras em estudo: tradução/

[14] O conteúdo do currículo foi acessado pelo site: https://libras.ufsc.br/wp-content/uploads/2019/09/2012-04-ALBRES-e-SANTIAGO_LIBRAS_-trad_int.pdf.

[15] Grupo Brasil é uma ONG de apoio ao Surdocego e à pessoa com múltipla deficiência sensorial – Ver mais em: https://www.facebook.com/GrupoBrasildeApoioaoSurdocego/ e http://grupobrasilsurdocegueira.org/.

interpretação", lançada pela Feneis-SP, em 2012, organizada por Neiva de Aquino Albres e Vânia de Aquino Albres Santiago.

Dentre os cursos já apresentados, esse se diferencia de forma importante em vários aspectos. No primeiro momento, aborda a História da educação da pessoa com Surdocegueira no mundo e no Brasil, ressaltando o percurso educacional da pessoa com Surdocegueira, assim como a trajetória das pessoas representantes da comunidade surdocega. Porém, não há um tópico sobre a história dos Guias-Intérpretes, o tópico aborda apenas a Surdocegueira. Acreditamos que o objetivo maior foi apresentar esses conceitos e vivências para a formação dos profissionais que irão atuar como GI na prática do seu ofício, fazendo-os compreender melhor a peculiaridade instrutiva e pedagógica da pessoa Surdocega.

A seguir, outro ponto que merece destaque é o item alusivo à **Criação da Abrasc**, o qual consideramos muito positivo, pois mostra uma entidade representativa do Surdocego que virá a ser atendido pelo GI, Surdo ou não Surdo. Acreditamos ser de grande importância o profissional reconhecer que sem o Surdocego não existiria a profissão de GI. Então, convém a esse profissional manter uma boa parceria com essa instituição[16].

A parte concernente à **Terminologia e Definição**, cujo conteúdo completo muito nos interessaria, trata de três pontos: a) aspectos da Surdocegueira Adquirida; b) Terminologia Surdocego ou Surdo-cego?; e c) perspectiva geral sobre Surdocegueira. Entendemos que esse último ponto deve ser tratado à parte, não relacionado nesse mesmo tópico, pois aborda características diversas do sujeito Surdocego. Um ponto que, infelizmente, ficou evidente e que chamamos à atenção é que não foi tratado o termo Guia-Intérprete, ou seja, novamente parece não haver o cuidado de conceituar esse termo.

O próximo tópico aborda a **Síndrome de Usher**. Extremamente interessante, pois é possível compreender que trata das características diversas do sujeito Surdocego, que dentre várias causas pode ter origem na Síndrome de Usher. É possível destacar também a Retinose Pigmentar. Porém, nenhum dos casos foi abordado no curso.

A seguir temos o item **Direitos**. Neste, é possível perceber que há um tópico que trata apenas do Surdocego e das pessoas com deficiência em geral. Em seguida, apresentam o tópico Guia-Intérprete, Direitos e

[16] Infelizmente o site da Abrasc se encontra indisponível até o momento final deste livro. Temos apenas o site do Facebook que já foi apresentado em uma página anterior em nota de rodapé.

Técnicas de Interpretação. Neste, não há destaque quanto aos seus direitos, portanto acreditamos ser de suma importância constar no tópico anterior. Trata apenas sobre a definição do termo Guia-Intérprete, o qual também deveria estar no item anterior concernente à Terminologia e definição, que já apresentamos.

O tópico continua e aborda sobre as **Técnicas de Guia-interpretação**. Este ponto merece destaque, pois apresenta um olhar não só voltado para a parte educacional, mas também para a formação do GI que deve possuir competências de um profissional tradutor e intérprete. Apresenta modelos de tradução e de interpretação e traz um ponto exclusivo de Técnicas de descrição de imagens, de objetos, de pessoas e de ambientes internos e externos. Porém, ressalta-se a importância de incluir também as estratégias para interpretação, para tradução, para descrição e para mobilidade e orientação, além de observar também se o aluno, futuro profissional GI, é Surdo ou ouvinte, pois também se faz necessário compreender que existem diversas estratégias para cada situação de comunicação.

Esse trecho finaliza abordando como pode ser feita a comunicação com pessoas com Síndrome de Usher, o que nos traz uma estranheza, pois entendemos que, para essa relação linguística, também há o uso da tradução e da intepretação.

Em seguida, o curso passa a abordar sobre Ética. Pelos títulos, é possível perceber que foram utilizados dois códigos. O primeiro, cuja fonte não aparece, é destinado aos GI em exclusivo. O segundo é da Associação dos Profissionais Intérpretes e Guias-Intérpretes da Língua de Sinais Brasileiras do Estado de São Paulo (Apilsbesp)[17]. Fica a dúvida se esse código se aplica aos demais estados. Em seguida, são abordadas questões sobre conduta. Esse ponto nos foi estranho, pois acreditamos que os códigos de ética deveriam cumprir essa parte. Outro questionamento que fica é se o código se refere à pessoa Surdocega ou ao Guia-Intérprete.

Os próximos tópicos são referentes aos sistemas e formas de comunicação tanto em língua oral como em língua de sinais. Por esta pesquisa focar nas formas que utilizam Libras, damos um destaque maior na parte dos cursos sobre Libras Tátil, Libras em campo reduzido, Alfabeto Manual Tátil e Alfabeto com duas mãos. Evidenciamos que todas as formas de comunicação que fazem parte do curso são de grande valia para a for-

[17] O código de ética pode ser acessado no seguinte endereço: http://libras-intrpretes.blogspot.com/2010/02/codigo-de-etica.html.

mação do GI. Contudo, ressaltamos que para futuros Guias-Intérpretes Surdos, público-alvo principal desta pesquisa, é preciso uma adaptação para melhor compreensão de como ocorre a Fala Ampliada e o Tadoma.

Em seguida, é apresentado o Sistema Braille, cujo aprendizado e uso são igualmente imprescindíveis pelos GIs tanto Surdos como ouvintes.

Sobre as Tecnologias Assistivas, não há mais detalhes quanto ao seu conteúdo, devido à indisponibilidade do material utilizado nesse curso, porém é fundamental na formação para Guias-Intérpretes Surdos e ouvintes.

Na continuação, o curso aborda os **Aspectos emocionais de pessoas com Surdocegueira Adquirida**, ainda que significativo, é mais coerente com a formação de Instrutor-Mediador[18], mais aplicável à área de educação.

A matéria relativa à **Orientação e Mobilidade** é mais adequada à formação de guia-vidente, podendo ser assimilada pelo Guia-Intérprete, caso seja do seu interesse cumprir essa outra função, na nossa forma de pensar. A distinção entre os termos e suas funções guia-vidente e Guia--Intérprete apresentaremos no próximo capítulo.

Por fim, o item **Legislação** é muito importante, pois explica de forma detalhada os deveres e direitos daqueles que atuam na área e destaca a necessidade do profissional se constituir como cidadão e GI.

O curso explicado anteriormente teve seu início em 2011 e, atualmente, é oferecido presencialmente pelo Grupo Brasil, em conjunto com a Associação Educacional para Múltipla Deficiência (Ahimsa). Ocorre duas vezes ao ano, a forma de inscrição é por *e-mail* e o pré-requisito é ter conhecimento de Libras a partir do nível intermediário. O curso não é gratuito. O valor para participar é R$ 1 300,00 (um mil e trezentos reais), para curso realizado em 2019, e R$ 1 400,00 (um mil e quatrocentos reais), no ano de 2020.

Após as análises feitas nos cursos que vêm sendo oferecidos nas últimas duas décadas, fica clara a falta de formação com foco nos Estudos da Tradução e Estudos da Interpretação, que são pré-requisitos básicos para a base de um bom Tradutor e Intérprete de Língua de Sinais e para os Guias-Intérpretes.

Os cursos mostram um valor maior sobre Orientação e Mobilidade, tipos de Comunicação e o Braille e códigos, mas não há quase nada sobre

---

[18] Termo que irei defender neste trabalho e que apresento nos capítulos 2 e 3.

a língua de sinais na forma de processos tradutórios ou interpretativos. Outro ponto que merece destaque é a falta de definição da atuação e competência linguística dos GI. Com os cursos apresentados, passamos para as legislações em busca de uma precisão maior acerca do Guia-Intérprete e suas funções.

1.2. GUIA-INTÉRPRETE E A LEGISLAÇÃO NO BRASIL: EM BUSCA DE UMA DEFINIÇÃO DOS PAPÉIS E FUNÇÕES

Em virtude da escassez de informação acerca de definições sobre formação do GI, passamos então para o trabalho junto à legislação. Nela, apesar de constar a função de GI e atividades inerentes à profissão, não há maior aprofundamento sobre a sua história nem exposição de diretrizes na sua formação. Para melhor compreender, adotaremos também uma linha cronológica de apresentação.

Iniciamos com a Lei n.º 10.098, de 19 de dezembro de 2000, que tem o objetivo de descrever as formas de acessibilidade em espaços públicos, transporte e comunicação. Traz, no capítulo VII, a acessibilidade nos sistemas de comunicação e sinalização — artigo 18, o seguinte destaque:

> O Poder Público implementará a formação de profissionais intérpretes de escrita em braille, linguagem de sinais e de Guias-Intérpretes, para facilitar qualquer tipo de comunicação direta à pessoa portadora de deficiência sensorial e com dificuldade de comunicação (Brasil, 2000, art. 18).

O artigo que tem como objetivo apresentar a acessibilidade que ocorre nos sistemas de comunicação e sinalização, faz menção ao profissional Guia-Intérprete no mesmo nível do Braille e da Língua Brasileira de Sinais – Libras. Nesse caso, os termos que deveriam estar registrados seriam Libras Tátil, Tadoma, Fala Ampliada, Alfabeto Manual Tátil, dentre outras, e não o Guia-Intérprete[19]. Ou, se fosse o caso, deveria inserir também o Tradutor e Intérprete de Língua de Sinais. Mas devemos considerar que, pela nossa busca, foi a primeira menção ao profissional, sob âmbito legal.

A seguir, temos o Decreto n.º 6.949, de 25 de agosto de 2009, que tem o objetivo de promulgar a Convenção Internacional sobre os Direitos das Pessoas com Deficiência e seu Protocolo Facultativo. Traz o capítulo

---

[19] Os termos relacionados fazem parte da proposta do glossário monolíngue e os conceitos estão nas fichas terminológicas.

"Convenção sobre os direitos das pessoas com deficiência", no seu artigo 9º – Acessibilidade, destacando que:

> 2. Os Estados Partes também tomarão medidas apropriadas para:
>
> [...]
>
> e) Oferecer formas de assistência humana ou animal e serviços de mediadores, incluindo guias, ledores e intérpretes profissionais da língua de sinais, para facilitar o acesso aos edifícios e outras instalações abertas ao público ou de uso público (Brasil, 2009a, art. 9º).

Em princípio, o termo guia aparece vinculado a uma atividade generalista, sem destaque para a questão da tradução ou da interpretação. Na descrição da lei, o termo é tratado de forma geral, como apenas uma ferramenta de acessibilidade e ainda sem distinguir se é um Guia-Intérprete ou um guia-vidente, conceitos que também serão explicados no decorrer deste trabalho. Aparece com um conceito aberto sem definir sua atuação ou função.

Por parte do Ministério da Educação (MEC), na sua Resolução n.º 4, de 2 de outubro de 2009, artigo 10, para a educação básica, a escola de ensino regular deve institucionalizar a oferta do Atendimento Educacional Especializado (AEE) no seu projeto pedagógico que prevê na sua organização "VI – outros profissionais da educação: tradutor e intérprete de Língua Brasileira de Sinais, Guia-Intérprete e outros que atuem no apoio, principalmente às atividades de alimentação, higiene e locomoção" (Brasil, 2009b, art. 10). E a comunicação? Os TILS tiveram formação com o objetivo de atuar no apoio às atividades de alimentação e higiene? Quanto à locomoção, para assistência aos discentes Surdocegos, na nossa opinião, cabe ao guia-vidente e não ao Guia-Intérprete, conforme a atuação de cada termo que apresentaremos no próximo capítulo.

A profissão de Guia-Intérprete deveria ter sido incluída de forma clara e conceitual na Lei n.º 12.319, de 1.º de setembro de 2010, no inciso I do artigo 6º, que descreve competências sobre a sua atuação, apesar de não constar o termo GI. Ou seja, é um ponto que o grupo de profissionais da área devem reivindicar, pois está claro sobre o trabalho: "efetuar comunicação entre surdos e ouvintes, surdos e surdos, surdos e surdocegos, surdocegos e ouvintes, por meio da Libras para a língua oral e vice-versa" (Brasil, 2010, art. 6º). Inclusive esse artigo tem sido um ponto de discussão em processos seletivos que desejam distinguir a função de cada profissional: TILS e Guia-Intérprete. Portanto, consideramos de extrema importância uma discussão mais aprofundada sobre esse tema.

O Plano Nacional de Educação, previsto na Lei n.º 13.005/2014, na sua Meta 4, menciona o profissional para

> 4.13) apoiar a ampliação das equipes de profissionais da educação para atender à demanda do processo de escolarização dos (das) estudantes com deficiência, transtornos globais do desenvolvimento e altas habilidades ou superdotação, garantindo a oferta de professores (as) do atendimento educacional especializado, profissionais de apoio ou auxiliares, tradutores (as) e intérpretes de Libras, Guias-Intérpretes para surdos-cegos, professores de Libras, prioritariamente surdos, e professores bilíngues (Brasil, 2014, meta 4).

Essa meta deve ser entendida como um marco, pois difere os profissionais e as funções. Traz também a diferença entre a atuação de Surdos e não Surdos, incluindo os espaços onde esses atendimentos ocorrem. Acredito que destacar esses pontos também é um item importante para a formação do profissional Guia-Intérprete.

Segundo a Lei Brasileira de Inclusão (LBI), sob n.º 13.146, de 6 de julho de 2015, no título II, relativo aos direitos fundamentais, no seu capítulo IV — Do direito à educação — artigo 28, cabe ao poder público assegurar, criar, desenvolver, implementar, incentivar, acompanhar e avaliar a "XI - formação e disponibilização de professores para o atendimento educacional especializado, de tradutores e intérpretes da Libras, de Guias-Intérpretes e de profissionais de apoio" (Brasil, 2015a, art. 28). Discorrendo ainda na LBI, também encontramos no título III, referente à acessibilidade, no seu capítulo II — Do acesso à informação e à comunicação — artigo 73, que "Caberá ao poder público, diretamente ou em parceria com organizações da sociedade civil, promover a capacitação de tradutores e intérpretes da Libras, de Guias-Intérpretes e de profissionais habilitados em Braille, audiodescrição, estenotipia e legendagem" (Brasil, 2015a, art. 73).

Apesar da importância da LBI para toda a organização dos processos de acessibilidades sociais e educacionais, é possível perceber a falta de definição, descrição, e espaço de formação acerca do Guia-Intérprete e das características da guia-interpretação. O ponto alto da lei é a separação que é feita sobre as capacitações, pois mostra que cursos destinados a tradutores intérpretes não são também cursos de formação para Guias-Intérpretes. É algo que deve ser bem claro, são profissionais distintos.

Em nível estadual, a Lei n.º 2.977, de 8 de julho de 2015, no seu anexo único — Plano Estadual de Educação do Tocantins-PEE/TO, a meta 6, estratégia 6.8, cita:

> [...] ampliar e garantir, equipes de profissionais da educação para atender a demanda dos(as) alunos(as) com Deficiência, Transtornos Globais do Desenvolvimento e Altas Habilidades/Superdotação, nas escolas públicas do sistema estadual de ensino, garantindo professores(as) do atendimento educacional especializado, profissionais de apoio e professores(as) auxiliares, tradutores(as) e intérpretes de LIBRAS, Guias-Intérpretes para surdocegos(as), professores(as) de LIBRAS, prioritariamente surdos(as), professores(as) bilíngues e apoiar os Municípios e as escolas privadas a implantarem centros de atendimento educacional especializado, em regime de colaboração com a União e os Municípios e em parcerias com instituições públicas, privadas e conveniadas, quando solicitado (Tocantins, 2015, meta 6).

O documento estabelece diretrizes específicas, metas e estratégias para universalização de educação infantil, consoante as diretrizes curriculares nacionais, promoção de formação integral da criança com a indispensável presença familiar, normatização e fiscalização da educação infantil pelo poder público e mediação dos saberes institucionalizados da formação escolar. Mais voltado à formação educacional fundamental, a meta 6 visa à universalização do acesso à educação básica e ao Atendimento Educacional Especializado pela população de 4 a 17 anos de idade com deficiência, transtornos globais do desenvolvimento e altas habilidades/superdotação. Na sua estratégia 6.8 supracitada, ao mencionar "prioritariamente surdos(as)", seria relativa somente aos professores de Libras ou seria válido também aos demais cargos ora referidos? Por que o cargo de instrutor-mediador não está incluso? Este profissional é o mais adequado para essa faixa etária, no tocante à educação, principalmente na formação básica. Os Surdocegos, dentro da população infantil até 17 anos, seriam congênitos, já têm sua base linguística consolidada em Libras, podendo fazer uso de Libras Tátil? Como definir a forma de comunicação adquirida e utilizada pelos discentes Surdocegos, quando o atendimento for solicitado, para contratar o profissional adequado?

Outra legislação que merece destaque é o Projeto de Lei n.º 9.382/2017, apresentado em 19 de dezembro de 2017 pela Comissão de Defesa dos Direitos das Pessoas com Deficiência. Seria uma ementa à Lei n.º 12.319/2010, que dispõe sobre o exercício profissional e condições de trabalho do profissional tradutor, Guia-Intérprete e intérprete de Libras. Porém, conforme a última consulta ao *sítio* da Câmara Legislativa em 29 de agosto de 2020, a sua situação consta como "Aguardando Deliberação no Plenário (PLEN); Pronta para Pauta na Comissão de Constituição e Justiça e de Cidadania (CCJC)".

Apesar disso, cumpre destacar que, conforme artigo 1º, parágrafo 1º, no seu inciso II, o Guia-Intérprete seria considerado como aquele profissional que domina diversas formas de comunicação utilizadas pelas pessoas com Surdocegueira, conceito esse adequado para exercício e atuação do profissional Guia-Intérprete. Outro destaque vai para o artigo 2º, no seu parágrafo 3º, em que "a formação do Guia-Intérprete será realizada por meio de curso específico ou de extensão universitária credenciados pelo Ministério da Educação ou Secretarias Municipais ou Estaduais de Educação." (Brasil, 2017). Isso, por si só, já mostra a valorização do profissional, ainda que incipiente, lembrando que devem ser ampliados para atendimento à crescente demanda, embora tímida.

Sob o âmbito municipal, em princípio, o município de Porto Velho, do estado de Rondônia, é a primeira cidade do Brasil que regulamenta a profissão de Tradutor e Intérprete da Língua Brasileira de Sinais – Libras e, na descrição das funções e profissionais, dispõe sobre o exercício profissional e condições de trabalho do profissional tradutor, Guia-Intérprete e intérprete de Libras com a sua Lei municipal n.º 2.629, de 5 de agosto de 2019.

Essa lei merece destaque, pois traz de formas diferenciadas as atuações, o que nenhuma outra lei anteriormente citada mostra. Apesar de ser municipal, é um grande modelo de possibilidades futuras para a legislação federal.

Recentemente foi publicado novo Decreto n.º 10.502, em 30 de setembro de 2020, cujo objetivo é a instituição da Política Nacional de Educação Especial: Equitativa, Inclusiva e com Aprendizado ao Longo da Vida. O seu capítulo VI – Dos Atores – destaca que:

> Art. 8º Atuarão, de forma colaborativa, na prestação de serviços da educação especial:
>
> I - equipes multiprofissionais e interdisciplinares de educação especial;
>
> II - guias-intérpretes;
>
> III - professores bilíngues em Libras e língua portuguesa;
>
> IV - professores da educação especial;
>
> V - profissionais de apoio escolar ou acompanhantes especializados, de que tratam o inciso XIII do caput do art. 3º da Lei nº 13.146, de 2015 - Estatuto da Pessoa com Deficiência, e o parágrafo único do art. 2º da Lei nº 12.764, de 2012; e,
>
> VI - tradutores-intérpretes de Libras e língua portuguesa (Brasil, 2020).

Sob a perspectiva da escola bilíngue, essa Política facilita a atuação de Guia-Intérprete Surdo, ampliando o mercado desse profissional, além de propiciar ao discente Surdocego um bom desenvolvimento educacional e cognitivo.

Após a busca sobre o profissional Guia-Intérprete, sua formação e regulamentação sob a atuação no âmbito da legislação, fica evidente que o espaço não está delimitado. Em uma única legislação nos sentimos contemplados: na lei que regulamenta a profissão no estado de Porto Velho, Rondônia, pois além da equidade entre as carreiras, há ainda a formação exigida que é de nível superior ou vinculada a instituições superiores federais. Portanto, na legislação, inclusive no Decreto n.º 10.502/2020, há ainda uma grande lacuna de lutas a serem travadas.

Essa lacuna fica evidente quando pensamos: qual o espaço dessa formação? Seria um curso técnico, tecnólogo ou de graduação? Seria apenas uma especialização? Os cursos explicados anteriormente mostram que não é essa linha a melhor escolha. Também precisamos pensar: quem ministra esses cursos? Qual é a formação de um professor que irá atuar no ensino de futuros Guias-Intérpretes sejam surdos ou não surdos? E, para deixar mais claro o tamanho da lacuna, podemos pensar: que material didático, que publicações e que pesquisas têm foco na atuação do GI? Até o momento, livros e artigos focam no Surdocego, que também consideramos de grande importância, mas não é a formação que o GI deve ter. Assim, fica evidente que há ainda um campo de estudo amplo a ser aprofundado. Esta pesquisa pretende contribuir para ser um apoio inicial para novas pesquisas.

Como já explicitado no início do capítulo, a seguir apresentaremos os cursos de bacharelado no âmbito das línguas de sinais com foco na formação de tradutores, intérpretes e Guias-Intérpretes no Brasil.

1.3 AS GRADES CURRICULARES DO BACHARELADO EM TRADUÇÃO E INTERPRETAÇÃO DE LÍNGUA DE SINAIS NO BRASIL: ONDE ESTÁ O GI?

Neste tópico, apresentaremos trechos, partes das grades curriculares das universidades públicas e particulares de formação de bacharelado em Línguas de Sinais (LS) com o objetivo de analisar se há disciplinas que oportunizem a formação de GI Surdo e não Surdo, a carga horária, se são obrigatórias ou optativas e, se possível, analisaremos a bibliografia. Portanto, organizamos as disciplinas que têm em sua descrição relação com a língua de sinais e/ou com a questão da Guia-interpretação.

Tabela 1 – Grade Curricular da Universidade Federal de Santa Catarina (UFSC), 2008, na modalidade a distância

Bacharelado em Letras, habilitação em Língua Brasileira de Sinais – LIBRAS – UFSC			
1º Semestre	**THS**	**5º Semestre**	**THS**
Introdução aos Estudos da Tradução	72	Literatura Surda	72
Estudos da Tradução I	72	Leitura e Produção de Textos	72
Fundamentos da Educação de Surdos	72	Língua Brasileira de Sinais IV	108
Estudos Linguísticos	72	Semântica e Pragmática	72
Introdução a Educação a Distância	72	Psicolinguística	72
2º Semestre	**THS**	**6º Semestre**	**THS**
Escrita de Sinais I	72	Análise do Discurso	72
Estudos da Tradução II	72	Tradução e Interpretação da Língua de Sinais	72
Língua Brasileira de Sinais I	108	Língua Brasileira de Sinais V	108

Bacharelado em Letras, habilitação em Língua Brasileira de Sinais – LIBRAS – UFSC			
Fonética e Fonologia	72	Laboratório de Interpretação de Língua Brasileira de Sinais e Língua a Portuguesa II	72
Morfologia	72	Aquisição da Língua de Sinais	72
3º Semestre	**THS**	**7º Semestre**	**THS**
Escrita de Sinais II	72	Tradução e Interpretação da Língua de Sinais II	72
Língua Brasileira de Sinais II	108	Língua Brasileira de Sinais VI	108
Sintaxe	72	Laboratório de Interpretação de Língua Brasileira de Sinais e Língua Portuguesa III	72
Aquisição da Linguagem	72	Estágio em Interpretação da Língua Brasileira de Sinais	216
Sociolinguística	72		
4º Semestre	**THS**	**8º Semestre**	**THS**
Escrita de Sinais III	72	Laboratório de Interpretação de Língua Brasileira de Sinais e Língua Portuguesa IV	72
Estudos da Tradução III	72	Trabalho de Conclusão de Curso	216
Aquisição de Segunda Língua	72	Estágio em Tradução Escrita da Língua de Sinais e Língua Portuguesa	72
Língua Brasileira de Sinais III	108		
Laboratório de Interpretação de Língua Brasileira de Sinais e Língua Portuguesa I	72		

Fonte: Makhoul (2020)[20]

A UFSC é conhecida como a universidade que iniciou o processo de formação na área de Tradução e Interpretação das Línguas de Sinais, e, portanto, o movimento teórico dos ETILS[21]. O curso de bacharelado que,

[20] A organização da grade foi feita pela pesquisadora. O conteúdo do currículo foi acessado pelo site http://cagr.sistemas.ufsc.br/relatorios/curriculoCurso?curso=715&curriculo=20082.

[21] Estudos da Tradução e da Interpretação das Línguas de Sinais (Rodrigues; Beer, 2015).

também na modalidade de Educação a Distância (EaD), possui Tradução e Interpretação Libras – Português, apresenta uma vasta grade com foco em tradução e interpretação. Contudo, não há uma disciplina que forme o discente ou que possibilite ao mesmo optar por uma formação como Guia-Intérprete.

Outro ponto que é possível perceber, é a ausência de uma disciplina acerca do próprio Guia-Intérprete. Vale lembrar que congressos nacionais e internacionais ocorrem na instituição e constantemente é feita solicitação de Guias-Intérpretes para os eventos. Vale também lembrar que, na minha experiência profissional, fui contratada como GI da mesma instituição, pois havia alunos Surdocegos tanto no ensino presencial como também na EaD.

A próxima grade curricular traz um novo desenho do curso de bacharelado em Língua Brasileira de Sinais, dessa vez presencial. O anteriormente apresentado é na modalidade, como já indicamos, EaD.

Tabela 2 – Grade Curricular da Universidade Federal de Santa Catarina (UFSC), 2012, modalidade presencial

Bacharelado em Língua Brasileira de Sinais – LIBRAS – UFSC			
1º Semestre	**THS**	**6º Semestre**	**THS**
Fundamentos da Educação dos Surdos	72	Laboratório em Interpretação I (PCC 36 horas)	72
Tecnologias da Informação e EaD	72	Estudos Surdos I	72
Libras Iniciante (PCC 36 horas)	144	Escrita de Sinais II (PCC 36 horas-aula)	72
Conversação Intercultural	72	Estudos Linguísticos III	72
		Português II	72
2º Semestre	**THS**	**7º Semestre**	**THS**
Libras Pré-Intermediário (PCC 36 horas)	216	Laboratório em Interpretação II (PCC 36 horas)	72
Corporalidade e Escrita	72	Literatura Surda I	72
Fundamentos da Tradução e da Interpretação	72	Prática de Tradução I	72

Bacharelado em Língua Brasileira de Sinais – LIBRAS – UFSC			
Português III		Estudos Linguísticos IV	72
		72	
3º Semestre	**THS**	**8º Semestre**	**THS**
Libras Intermediário (PCC 36 Horas)	144	Laboratório em Interpretação III	144
Introdução aos Estudos Linguísticos (PCC36 horas-aula)	72	Literatura Surda II (PCC 36 horas-aula)	72
Estudos da Tradução I	72	Prática de Tradução II	8
Estudos da Interpretação I	72		
4º Semestre	**THS**	**9º Semestre**	**THS**
Libras Avançado (PCC 36 Horas)	144	TCC (Trabalho de Conclusão de Curso)	72
Estudos Linguísticos I	72	Estágio em Interpretação	144
Estudos da Tradução II	72	Estágio em Tradução	72
Estudos da Interpretação II	72		
5º Semestre	**THS**		
Libras Acadêmica (PCC 36 horas-aula)	72		
Escritas de Sinais I	72		
Estudos Linguísticos II	72		
Metodologia Científica	72		
Português I	72		

Fonte: Makhoul (2020)

O curso de bacharelado presencial da UFSC possui, em suas ementas e conteúdos, uma grande similaridade com o curso modalidade EaD. Contudo, aspectos importantes quanto à proficiência em Língua de Sinais, um dos aspectos que definem a formação de um bom tradutor e intérprete, são distintos. No curso presencial, temos Libras Iniciante até Acadêmico, enquanto no ensino a distância não tem. Outro ponto diz respeito à disciplina Estudos da Tradução e Interpretação. No presencial, já é trabalhada com a Terminologia Estudos da Tradução e Estudos da Interpretação; na EaD, não é apresentada com essa mesma terminologia teórica. Apenas há menção sobre tradução e interpretação, apesar de sabermos que o conteúdo é similar.

O próximo é o da Universidade Federal do Rio de Janeiro (UFRJ). Também é um curso que deve ser analisado sob a perspectiva de formação e espaço de estudos para discentes que desejam atuar na Guia-Interpretação.

Tabela 3 – Grade Curricular da Universidade Federal do Rio de Janeiro, 2013, modalidade presencial

Bacharelado em Letras – Libras – UFRJ			
1º Semestre	**THS**	**5º Semestre**	**THS**
LIBRAS I: Aspec. Ling. Soc. Cul. Ident	90	LIBRAS V: Aspectos Sociolinguísticos	90
Fundamentos Linguísticos	60	Notação de Dados Linguísticos: ELAN	60
Fund. Estudos Literários	60	Metodologia Científica	60
Fund. Hist. Educ. de Surdos	30	Lab. Trad. Inte de Libras LP II	60
Introdução aos Estudos de Tradução	60	Elaboração do Trabalho Monográfico	30
2º Semestre	**THS**	**6º Semestre**	**THS**
LIBRAS II: Fund. Fonética Fonologia	9	LIBRAS VI: Fund. Pragmática e do Discurso	90
Fundamentos da Educação Bilíngue para Surdos	30	Literatura Surda I	60
Estudo dos Clássicos da Literatura	30	Lab. Trad. Inte de Libras LP III	60
Aquisição de Linguagem I	30	Estágio Sup. em Int. Libras e LP	90
Aquisição de Linguagem II	30	Aquisição de Segunda Língua	30
Estudos da Tradução I	60		
3º Semestre	**THS**	**7º Semestre**	**THS**
LIBRAS III: Fund. da Morfologia	90	LIBRAS VII: Fund. do Funcionalismo	90
Fund. Lit. Brasileira	30	Literatura Surda II	90
Produção de Textos em português	30	Escrita da Língua Sinais I	30
Concepções Cult. e Form. Prof. línguas	30	Lab. Trad. Inter. de Libras LP VI	60

Bacharelado em Letras – Libras – UFRJ			
Avaliação do processo de ens./aprend. de línguas	30	Estágio Sup. em Trad. Libras e LP	90
Estudos da Tradução II	60		
4º Semestre	**THS**	**8º Semestre**	**THS**
LIBRAS IV: Fund. da Sintaxe	90	Libras Acadêmica	90
Fundamentos Sociolinguística	60	Tecnologia da Informação	60
Literatura Infanto e Juvenil	90	Aspec. Da Produção de textos em LP	60
Lab. Trad. Inter. de Libras LP I	60		

Fonte: Makhoul (2020)[22]

O currículo do curso de bacharelado da UFRJ[23] é uma proposta diferente no que diz respeito à formação de tradutores e intérpretes. Apesar de ter como foco formar bacharéis na área, há em sua grade nove disciplinas que retratam uma base que possibilitará o aprendizado relacionado aos aspectos teóricos que são o alicerce de conhecimento para tradutores e intérpretes de Língua de Sinais. No caso, não há nenhuma menção sobre disciplinas relacionadas à formação de Guias-Intérpretes ou algo que possibilite relacionar sobre estudos tradutórios ou interpretativos sobre a Guia-interpretação. Também não localizamos na universidade estudos de extensão ou cursos de capacitação para Guias-Intérpretes.

A seguir, apresentamos a grade da Universidade Federal do Espírito Santo (UFES). O curso foi criado em 2014 e tem uma estrutura interessante, principalmente no que diz respeito aos aspectos dos Estudos da Tradução (ET) e dos Estudos da Interpretação (EI). Também apresenta um grande diferencial sobre a Tradução Literária em Língua de Sinais.

22 A organização da grade foi feita pela pesquisadora. O conteúdo do currículo foi acessado pelo site https://www.portal.letras.ufrj.br/images/Graduacao/Projeto_Pedagogico_Letras-UFRJ-BACHARELADO.pdf.

23 Apesar do trabalho de busca e pesquisa, não foi possível encontrar as ementas das disciplinas. Apenas está à disposição o fluxograma do curso. Ver em: https://www.portal.letras.ufrj.br/images/Graduacao/Projeto_Pedagogico_Letras-UFRJ-BACHARELADO.pdf.

Tabela 4 – Grade Curricular da Universidade Federal do Espírito Santo (UFES), 2014, presencial

Bacharel em Tradução e Interpretação de Libras – UFES			
1º Semestre	**THS**	**5º Semestre**	**THS**
Introdução à Linguística	60	Sociolinguística	60
Introdução aos Estudos da Tradução	60	Tradução e Interpretação de Textos Sensíveis	60
Pesquisa em Tradução e Interpretação	60	Tradução de Textos Literários	60
Leitura e Produção de Texto	60	Tradução e Interpretação Jurídica	60
Aspectos Históricos-Filosóficos da Tradução	60		
2º Semestre	**THS**	**6º Semestre**	**THS**
Estudos da Tradução I	60	Análise do Discurso	60
Fonomorfologia	60	Interpretação Médica	30
Teorias de Aquisição de Segunda Língua e de Língua Estrangeira	60		
Tradução e Interpretação em Língua de Sinais I	60		
Estudos Literários I	60		
3º Semestre	**THS**	**7º Semestre**	**THS**
LIBRAS e Produção Literária	60	Revisão de Tradução	30
História da Língua de Sinais	60	Aspectos Tradutórios e Interpretativos do Guia-Intérprete[24]	60
Escrita de Sinais I	60		
Morfossintaxe	60		
4º Semestre	**THS**	**8º Semestre**	**THS**
Tradução e Interpretação em espaços educacionais	60	Ética em Tradução e Interpretação	60

[24] Marca realizada pela pesquisadora Ivonne Makhoul.

Bacharel em Tradução e Interpretação de Libras – UFES		
Tradução de Textos Científico-Acadêmicos	30	
Práticas Culturais e Língua de Sinais: Estudos Surdos	60	
Semântica e Pragmática	60	

Fonte: Makhoul (2020)[25]

No currículo, as informações são bem focadas nos Estudos da Tradução e Interpretação das Línguas de Sinais. Há disciplinas sobre Tradução de Textos Sensíveis, Tradução Literária, Tradução no campo jurídico e Tradução na esfera educacional. No sétimo semestre, há uma disciplina com foco na Guia-Interpretação.

Focalizando a descoberta de uma disciplina obrigatória na grade do bacharelado da UFES, fez-nos despertar o interesse em compreender melhor sobre o que seria. Dessa forma, apresentamos a seguir a ementa da disciplina que é do sétimo período do curso, intitulada "Aspectos Tradutórios e Interpretativos do Guia-Intérprete":

Quadro 3 – Ementa da disciplina "Aspectos Tradutórios e Interpretativos do Guia-Intérprete"

Disciplina	Código	TEL	CH	Pré-requisito
Aspectos tradutórios e interpretativos do Guia-Intérprete: Surdocegos		30T +30E	3	
Discussão sobre a atuação do Guia-Intérprete. As implicações tradutórias e interpretativas nos contextos dos Surdocegos.				
Bibliografia Básica: MILES, B. Perspectiva general sobre la sordo-ceguera. DB-LINK – The natural information clearinghouse on children who are deaf-blind – Monmouth, dez. 1995 – traduzido para o espanhol sob patrocínio do Programa Hilton/Perkins.				

[25] A organização da grade foi feita pela pesquisadora. O conteúdo do currículo foi acessado pelo site http://www.letras.ufes.br/sites/letras.ufes.br/files/field/anexo/lista_disciplinas_libras.pdf. Acesso em: 27 ago. 2020.

Disciplina	Código	TEL	CH	Pré-requisito
MILES, B. What is communication? In: MILES, B.; RIGGO, M. Remarkable conversations – A guide to developing meaningful communication with children and Young adults who are Deafblind. Watertown, Massachusetts, 1999.				
MONTEIRO, M. A. Surdez-cegueira. Revista Benjamin Constant, n.3. Rio de Janeiro: IBCENTRO, 1996, p.18-26.				
Bibliografia Complementar:				
GRUPO BRASIL DE APOIO AO SURDOCEGO E AO MÚLTIPLO DEFICIENTE SENSORIAL. Projeto sobre jovens e adultos Surdocegos no Brasil e suas Opiniões (Folheto explicativo). Programa apoiado pela SENSE Internacional (Latinoamérica). São Paulo: Liotti Arco Design Editorial, abr. 2003. p. 1.				
_____. Formas de comunicação. Série: Entrando em contato com as pessoas Surdocegas (Folheto explicativo). São Paulo: Ciclo Press Gráfica & Fotolito, 2006b.				
PLAZAS, M. M. R. II Curso de Guia-Intérprete empírico. In: Programa de Capacitación de Guias-Intérpretes empíricos para personas sordociegas (Apostila). Santafé de Bogotá, 1999. Traduzido para o espanhol sob patrocínio do Programa Hilton/Perkins. São Paulo, mai. 2003.				
PLAZAS, M. M. R. Guia de Interpretación. In: Guía-intérprete es una persona con formación específica (Apostila). [S.l.]: SENSE Internacional (Latinoamérica), 2002.				
SENSE INTERNACIONAL (LATINOAMÉRICA). Trabalhando para as pessoas Surdocegas em toda América Latina (Apostila). São Paulo: Liotti Dell Arco Design Editorial, un. 2003.				

Fonte: Projeto de curso de bacharelado em Letras Libras[26]

A ementa da disciplina mostra que há um fundo de discussão sobre a atuação e as implicações tradutórias e interpretativas, contudo o conteúdo não condiz com as referências apresentadas. Nas básicas, os autores estão focados na Surdocegueira, não há material sobre tradução, interpretação ou Guia-Interpretação. O local no qual há material que possa ser destinado a essas áreas é a bibliografia complementar. Nela, há informações sobre o guia, porém é material de estudo indisponível na biblioteca virtual, o espaço que, no momento social em que vivemos, nos foi permitido buscar.

[26] SANTANA, J. B. M. *et al.* Projeto Pedagógico do Curso de Letras Libras: Bacharelado em Tradução e Interpretação. Vitória: UFES, [2013]. Disponível em: https://www.google.com/url?sa=t&rct=j&q=&esrc=s&source=web&cd=&cad=rja&uact=8&ved=2ahUKEwiC0uO3mcHrAhXTHbkGHQ0zBewQFjABegQIARAB&url=http%3A%2F%2Fsecretaria.cchn.ufes.br%2Fsites%2Fsecretaria.cchn.ufes.br%2Ffiles%2Ffield%2Fanexo%2Fppc_bacharelado_letras-libras.pdf&usg=AOvVaw28wvUEFjhdLuqtog34Hv1z. Acesso em: 1º maio 2021.

A seguir, a grade da Universidade Federal de São Carlos (UFSCar), que tem um histórico acadêmico voltado para os estudos da Educação Especial e que recebeu o curso no departamento de Psicologia.

Tabela 5 – Grade Curricular da Universidade Federal de São Carlos (UFSCar), 2015, presencial

Bacharelado em Tradução e Interpretação em Língua Brasileira de Sinais (LIBRAS)/ Língua Portuguesa – UFSCar

1º Semestre	**THS**	**5º Semestre**	**THS**
Libras I	360	Libras V	390
Introdução à Tradução à Interpretação e aos Estudos da Surdez		Tradução e Interpretação II	
Linguagem, Surdez e Educação		Português como segunda língua para surdos	
Introdução à Linguística das línguas orais e sinalizadas		Estudos do Significado	
Leitura e Produção de Texto: escrita acadêmica I		Tradução e Interpretação na Esfera Educacional III	
Desenvolvimento Psicológico da Pessoa surda		Leitura e produção de texto: escrita acadêmica IV	
		TCC I	
2º Semestre	**THS**	**6º Semestre**	**THS**
Libras II	330	Libras VI	390
Línguas em uso: variação e mudanças linguísticas		Desenvolvimento, aprendizagem e processos educacionais	
Tradução e Interpretação Consecutiva		Gêneros textuais e Libras	
Estudos da Oralidade		TCC II	
Eletiva I		Tradução e Interpretação em Eventos Científicos	
Leitura e Produção de Texto: escrita acadêmica II		Estágio Supervisionado I	
3º Semestre	**THS**	**7º Semestre**	**THS**

Bacharelado em Tradução e Interpretação em Língua Brasileira de Sinais (LIBRAS)/ Língua Portuguesa – UFSCar

Libras III	330	Libras VII	360
Tradução e Interpretação: atividade discursiva		Ética Profissional	
Linguagem e aspectos segmentais e suprassegmentais da fala		TCC III	
Libras e os Parâmetros Formacionais		Tradução e Interpretação na Esfera da Saúde	
Políticas Públicas e Surdez		Outras Línguas de Sinais	
Aquisição e Desenvolvimento da Linguagem: Língua Portuguesa		Estágio Supervisionado II	
Aquisição e Desenvolvimento da Linguagem: Libras		Eletiva III	
Tradução e Interpretação na Esfera Educacional I			
4º Semestre	**THS**	**8º Semestre**	**THS**
Libras IV	360	Multiculturalismo e Surdez	270
Tradução e Interpretação I		Literatura em Libras	
Morfossintaxe: Língua Portuguesa		Tradução e Interpretação nas Esferas Legal e Governamental	
Morfossintaxe: Libras		Surdez e visualidade	
Leitura e Produção de Texto: escrita acadêmica III		Estágio Supervisionado III	
Tradução e Interpretação na Esfera Educacional II			
Saúde Ocupacional do Tradutor Intérprete de Libras			
Eletiva II			

Fonte: Makhoul (2020)[27]

[27] A organização da grade foi feita pela pesquisadora. O conteúdo do currículo foi acessado pelo site http://www.prograd.ufscar.br/cursos/cursos-oferecidos-1/traducao-e-interpretacao-em-lingua-brasileira-de-sinais/PPC_BACHARELADO_TRADUCAO_INTERPRETACAO_LIBRAS_ATUALIZAO_2016.pdf.

O Projeto Pedagógico do curso de Letras Libras bacharelado em Tradução e Interpretação da UFSCar é um dos mais completos projetos dentre os que apresentamos. Traz aspectos significativos sobre a formação do Tradutor e Intérprete em Língua de Sinais e, no caso, podemos dizer não apenas da Língua Brasileira de Sinais, mas também há o ensino de outras línguas de sinais.

É um programa muito interessante, contudo não há uma disciplina acerca da Guia-interpretação, ou seja, a grade foca unicamente na tradução e interpretação. Durante os semestres, há possibilidade de desenvolver projetos, mas em virtude das matérias apresentadas, consideramos que não há trabalho focado no GI Mas é interessante pensar que, nessa mesma instituição, há trabalhos significativos sobre a Surdocegueira e pesquisas desenvolvidas, como exemplos das autoras Fátima Ali Abdalah Cader-Nascimento e Maria da Piedade Resende da Costa, que têm foco no Surdocego.

Portanto, fica a dúvida: por que não há estudos acadêmicos voltados para a formação de Guias-Intérpretes? Não há uma valorização da área? Fica um questionamento. A próxima grade é a da Universidade Federal de Roraima (UFRR).

Tabela 6 – Grade Curricular da Universidade Federal de Roraima (UFRR), 2014[28], presencial

Letras/Libras – Bacharelado – UFRR			
1º Semestre	**THS**	**5º Semestre**	**THS**
Fundamentos Da Educação Dos Surdos	60	Formação, Trabalho E Profissionalidade De TILS III	60
Introdução Aos Estudos Linguísticos	60	Morfologia Da Libras	60
Estudos Da Tradução	60	Lab. De Interpretação De Língua Brasileira De Sinais Para Língua Portuguesa	60
Libras I	60	Semântica E Pragmática	60
Leitura E Produção Textual Acadêmica	60	Interpretação Da Língua De Sinais III	60
2º Semestre	**THS**	**6º Semestre**	**THS**
Educação Bilíngue	60	Metodologia Do Trabalho Científico	60

[28] O ano de 2014 é uma referência feita na página de abertura do Projeto Político-Pedagógico do curso. Contudo, na ficha de apresentação não é constatado se foi o ano de criação do curso ou regulamentação.

Letras/Libras – Bacharelado – UFRR			
Estudos De Interpretação	60	Análise Do Discurso	60
Libras II	60	Lab. De Interpretação De Língua Brasileira De Sinais Para Língua Portuguesa Ii	60
Fonética E Fonologia	60	Sintaxe Da Libras	60
Optativa	60	Estágio Em Interpretação Da Língua De Brasileira De Sinais E Língua Portuguesa: Contexto Escolar	80
3º Semestre	**THS**	**7º Semestre**	**THS**
Libras III	60	TCC I	80
Morfologia	60	Eletiva: Tradução E Gêneros Textuais E Discursivos	60
Aquisição Da Linguagem	60	Atividades Complementares	200
Formação, Trabalho E Profissionalidade De Tils I	60	Laboratório De Interpretação Língua Portuguesa Para Língua De Sinais I	60
Interpretação De Língua De Sinais I	60	Estágio Em Interpretação Da Língua De Sinais E Língua Portuguesa: Espaço Não Escolar	80
		Eletiva: Educação Das Relações Étnico-Raciais	60
4º Semestre	**THS**	**8º Semestre**	**THS**
Interpretação Da Língua De Sinais II	60	Laboratório De Interpretação Língua Portuguesa Para A Língua Brasileira De Sinais II	60
Fonética E Fonologia Da Libras	60	Optativa	60
Sociolinguística	60	TCC II	100
Sintaxe	60		
Formação, Trabalho E Profissionalidade De Tils II	60		

Fonte: Makhoul (2020)[29]

[29] A organização da grade foi feita pela pesquisadora. O conteúdo do currículo foi acessado pelo site http://ufrr.br/libras/index.php?option=com_phocadownload&view=category&download=61:ppp&id=10:downloads&Itemid=314.

O curso da UFRR traz disciplinas similares às que já demonstramos. Contudo, sua inovação não é no fluxo do curso e sim no Projeto Político-Pedagógico do Curso de Letras/Libras – bacharelado. Nele, é possível identificar, no campo da Justificativa, o profissional Guia-Intérprete e como ele faz parte das ações educativas propostas pelo curso. No projeto, o GI é tratado com o mesmo olhar de formação do Tradutor e do Intérprete de Língua de Sinais, como descrito a seguir.

> Nesta perspectiva, a formação de professores e de profissionais especialistas para o apoio e implementação das ações educacionais inclusivas propostas – tais como de **Guia-Intérprete**, Tradutores-Intérpretes de Língua de Sinais – estão como prioridades na pauta da gestão das políticas educacionais nas três esferas de governo, das universidades públicas e privadas e dos provedores de serviços e materiais educacionais (UFRR, 2015, p. 7, grifo nosso).

Apesar de buscarmos em outros Projetos Político-Pedagógicos de curso a mesma referência com a valorização e equidade do profissional GI ao tradutor e intérprete, ela não ocorre. Há apenas citações sobre a guia-interpretação como um decalque que a legislação indica, mas sem aprofundamento sobre a formação e principalmente que tipo de formação sobre tradução e interpretação esse profissional deve ter.

A penúltima universidade apresentada é a Universidade Federal do Rio Grande do Sul (UFRGS). Considerada uma das universidades com a maior nota de produção acadêmica na área de Letras, sua nota é 7, fez-nos pensar sobre que tipo de formação o Guia-Intérprete tem de apoio para sua formação.

Tabela 7 – Grade Curricular da Universidade Federal do Rio Grande do Sul, 2015, presencial

Letras/Libras – Bacharelado – UFGRS			
1º Semestre	**THS**	**5º Semestre**	**THS**
Aquisição Da Língua De Sinais Por Crianças	60	Escrita De Sinais I	60
Estudos Surdos I	60	Língua Brasileira De Sinais V	60
Introdução Aos Estudos Linguísticos	60	Prática De Interpretação Em Libras II	90
Língua Brasileira De Sinais I	150	Prática De Tradução Da Libras I	90

Políticas Linguísticas E Educacionais	30	Semântica E Pragmática De Libras	60
		Tópicos Em Morfologia E Sintaxe Das Línguas De Sinais Para TILS	60
2º Semestre	**THS**	**6º Semestre**	**THS**
Bilinguismo	60	Escrita De Sinais II	60
Estudos Surdos II	60	Língua Brasileira De Sinais VI	60
Fundamentos De Tradução E De Interpretação	60	Literatura Surda	60
Língua Brasileira De Sinais II	150	Metodologia De Pesquisa	30
Panorama De Estudos Linguísticos Sobre As Línguas De Sinais	60	Prática De Interpretação Em Libras III	90
Tópicos Especiais Em Metodologia De Pesquisa De Línguas De Sinais		Prática De Tradução Da Libras II	90
		60	
3º Semestre	**THS**	**7º Semestre**	**THS**
Estudos De Interpretação I	30	Estágio De Interpretação I	120
Estudos De Tradução	60	Estágio De Tradução I	90
Fonética E Fonologia De Libras	60	Tópicos Especiais Em Produção E Tradução De Materiais Didáticos Para Ensino De Surdos	60
Leitura E Escrita Acadêmica I	60	Trabalho De Conclusão De Curso Tradutor E Intérprete De Libras	90
Língua Brasileira De Sinais III	150		
Tópicos Em Fonologia Das Línguas De Sinais	60		
4º Semestre	**THS**	**8º Semestre**	**THS**
Estudos De Interpretação II	60	Estágio De Interpretação II	120
Leitura E Escrita Acadêmica II	60	Estágio De Tradução II	
Língua Brasileira De Sinais IV	150		
Morfologia E Sintaxe De Libras	60		
Prática Em Interpretação De Libras I	45		

Fonte: Makhoul (2020)[30]

[30] A organização da grade foi feita pela pesquisadora. O conteúdo do currículo foi acessado pelo site https://www1.ufrgs.br/Graduacao/xInformacoesAcademicas/curriculo.php?CodHabilitacao=

Novamente, não há menção sobre a formação do GI. Infelizmente, na busca das ementas ou na justificativa do projeto, a base acadêmica, pela qual a universidade é reconhecida, não contempla o profissional que cursa o bacharelado e deseja ser um Guia-Intérprete. Dessa forma, novamente nos faz repensar onde é o espaço de formação para atuar na Guia-interpretação? Quem forma esse profissional? Essa dúvida permaneceu no nosso pensamento durante todo o período deste livro.

A última universidade apresentada é a Universidade Federal de Goiás (UFG), a qual também nos fez pensar sobre que tipo de formação o Guia-Intérprete tem de apoio para sua formação.

Tabela 8 – Grade Curricular da Universidade Federal de Goiás, 2014, presencial

Letras/Libras – Bacharelado – UFG			
1º Semestre	**THS**	**5º Semestre**	**THS**
Introdução aos Estudos Literários	64	Libras Avançado 1	64
Introdução aos Estudos da Linguagem	64	Estágio em Tradução 1	64
Aquisição da Língua de Sinais	64	Laboratório de Tradução e Interpretação 1	64
Língua Portuguesa 1	64	Escrita de Sinais 2	64
Conversação em Libras 1	64	Semântica	64
Prática como Componente Curricular	100	Prática como Componente Curricular	100
2º Semestre	**THS**	**6º Semestre**	**THS**
Tópicos de História da Literatura	64	Libras Avançado 2	64
Fonética e Fonologia	64	Estágio em Tradução 2	96
Políticas Linguísticas e Educacionais	64	Laboratório de Tradução e Interpretação 2	64
Língua Portuguesa 2	64	Disciplina Do Núcleo Livre	64
Conversação em Libras 2	64	Introdução à Pesquisa	32
Prática como Componente Curricular	100	Prática como Componente Curricular	100
3º Semestre	**THS**	**7º Semestre**	**THS**

47&CodCurriculo=150&sem=2018022.

Letras/Libras – Bacharelado – UFG			
Morfologia	64	Laboratório de Tradução e Interpretação 3	64
Introdução à Escrita de Sinais	64	Estágio em Interpretação 1	96
Estudos da Tradução 1	64	Disciplina Do Núcleo Livre	64
Língua Portuguesa 3	64	Trabalho de Conclusão de Curso 1 – Tradução e Interpretação	32
Libras Intermediário 1	64	Lexicografia	32
Prática como Componente Curricular	100	Prática como Componente Curricular	100
4º Semestre	**THS**	**8º Semestre**	**THS**
Sintaxe	64	Laboratório de Tradução e Interpretação 4	64
Disciplina Optativa Do N.E.	64	Estágio em Interpretação 2	112
Estudos da Tradução 2	64	Disciplina Optativa Do N.E.	64
Escrita de Sinais 1	64	Trabalho de Conclusão de Curso 2 – Tradução e Interpretação	64
Libras Intermediário 2	64	Prática como Componente Curricular	100
Prática como Componente Curricular	100		

Fonte: Makhoul (2020)[31]

Ainda dentre as universidades, encontramos na UFG, como disciplina optativa "Prática Profissional e Mercado de Trabalho do Tradutor e Intérprete" que tem como ementa os seguintes itens: Tópicos de tradução e interpretação. Intérprete educacional. Intérprete Surdo. Guia-Intérprete. Postura profissional. Relação Intérprete – Cliente.

[31] A organização da grade foi feita pela pesquisadora. O conteúdo do currículo foi acessado pelo site https://files.cercomp.ufg.br/weby/up/461/o/Resolucao_CEPEC_2018_1574.pdf.

Quadro 4 – Ementa da disciplina optativa "Prática Profissional e Mercado de Trabalho do Tradutor e Intérprete"

Disciplina optativa: **Prática Profissional e Mercado de Trabalho do Tradutor e Intérprete:**
Ementa: Tópicos de tradução e interpretação. Intérprete educacional. Intérprete Surdo. Guia-intérprete. Postura profissional. Relação Intérprete – Cliente.
Bibliografia Básica: BENEDITTI, I. C; SOBRAL, A. (org.) **Conversas com tradutores: balanços e perspectivas da tradução.** São Paulo Parábola Editorial, 2003. BRASIL. Ministério da Educação. Secretaria de Educação Especial. Decreto n.º 5.626, de 22 de dezembro de 2005. Regulamenta a Lei n.º 10.436, de 24 de abril de 2002. CADER-NASCIMENTO, F. A.A.A.; COSTA, M. P. R. et al. **Descobrindo a surdocegueira: educação e comunicação.** São Carlos: EdUFSCar, 2010. CAMPELLO, A. R. e S. **Intérprete surdo de língua de sinais brasileira: o novo campo de tradução / interpretação cultural e seu desafio.** Cadernos de Tradução, Florianópolis, v. 1, n. 33, p. 143-167, jul. 2014. ISSN 2175-7968. Disponível em: Acesso em: 03 fev. 2016. doi: http://dx.doi.org/10.5007/2175-7968.2014v1n33p143. LACERDA, C. B. F. de. **O intérprete de língua de sinais no contexto de uma sala de aula de alunos ouvintes: problematizando a questão.** In: LACERDA, C.B.F. de; GÓES, M. C. R. de (Org.). Surdez: Processos Educativos e Subjetividade. São Paulo: Editora Lovise, 2000. p. 51- 84. QUADROS, R. M. **O tradutor e Intérprete de língua brasileira de sinais e língua portuguesa.** Brasília: MEC; SEESP, 2002.
Bibliografia Complementar: AUBERT, F. H. **As (In) Fidelidades da Tradução. Servidões e autonomia do tradutor.** Campinas: Unicamp, 1993. LACERDA, C. B. F. de. **O intérprete educacional de língua de sinais no ensino fundamental: refletindo sobre limites e possibilidades** In: LODI, A. C. E. et al. Letramento e Minorias. Porto Alegre: Mediação, 2002. p. 120-128. PEREIRA, M. C. P.; RUSSO, A. **Tradução e interpretação de língua de sinais: técnicas e dinâmicas para cursos.** São Paulo: Cultura Surda, 2008. v. 1. 90 p. RICOER, P. **Interpretação e ideologias.** 3. ed. Rio de Janeiro: Francisco Alves, 1988. ROBINSON, D. **Construindo o tradutor.** Bauru, SP: EDUSC, 2002. SOBRAL, A. **Dizer o "mesmo" a outros: ensaios sobre tradução.** São Paulo: SBS, 2008. SOUZA, V. C. de; VIEIRA, R. **Uma Proposta para Tradução Automática entre Libras e Português no SignWebMessage**

Fonte: adaptação do PPP do curso de Letras Libras em UFG

A disciplina, apesar de ser optativa, já é um espaço de conhecimento e formação. Como referência bibliográfica básica está a obra de Cader-Nascimento e Costa (2010). Ambas autoras famosas e já referenciadas ao descrever a universidade UFSCar, mas que, em seu desenvolvimento teórico, abordam questões relacionadas ao Surdocego e seu desenvolvimento educacional e social. Não abordam sobre a formação ou Estudos de Tradução e Estudos da Interpretação que são de constituição teórica do Guia-Intérprete. E o mais surpreendente: abordam sobre o Intérprete Surdo, mas não citam o Guia-Intérprete Surdo. Não há em nenhum momento uma indicação desse profissional ser o Surdo com a formação específica.

O próximo curso de Letras que apresentamos é bem novo, oferecido pelo Instituto Federal de Educação Ciência e Tecnologia do Norte de Minas Gerais (IFNMG). O curso de licenciatura em Letras – Língua Brasileira de Sinais na modalidade de educação a distância no âmbito do Sistema da Universidade Aberta do Brasil (UAB), com Coordenação de Aperfeiçoamento de Pessoal de Nível Superior (Capes), foi criado recentemente em 2017. Em sua grade curricular, há indicação específica sobre a Surdocegueira. A seguir apresentamos as disciplinas como elas constam na matriz curricular.

Quadro 5 – Primeira disciplina do curso licenciatura em Letras – Língua Brasileira de Sinais (LIBRAS)

Disciplina: Surdo-cegueira (Optativa)	**Carga Horária: 60h**
Ementa: Acesso às informações das pessoas com Surdocegueira e postura ética na atuação com a pessoa com Surdocegueira.	
Bibliografia Básica: AGOSTINO, E. A. M.; COSTA, M. P. R. Aplicação de um programa para o ensino da leitura e escrita de palavras para o aluno com surdo-cegueira. **Periódico do Mestrado em Educação da UCDB (Série-Estudos)**, Campo Grande, n. 22, p. 161-173, jul./dez. 2006. ALMEIDA, C. A. F. **A aquisição da linguagem por uma surdocega pré-linguística numa perspectiva sociocognitiva-interacionista.** Tese (Doutorado em Linguística) – Universidade de Brasília, Brasília, DF, 2008. ANCCILOTTO, L. L. M.; GIACOMINI, L.; PETERSEN, M. I. Sugestões de estratégias de ensino para orientação e mobilidade. *In*: MAIA, S. R.; ARAÓZ, S. S. M.; IKONOMIDIS, V. M. **Surdocegueira e deficiência múltipla sensorial**: sugestões de recursos acessíveis e estratégias de ensino. São Paulo: Grupo Brasil, 2010.	

Disciplina: Surdo-cegueira (Optativa)	Carga Horária: 60h
Bibliografia Complementar: ARAÓZ, S. M. M. **Experiências de pais de múltiplos deficientes sensoriais surdocegos.** Do diagnóstico à educação especial. Dissertação (Mestrado em Psicologia da Saúde) – Universidade Metodista de São Paulo, São Bernardo do Campo, 1999. ARAÓZ, S. M. M.; COSTA, M. P. R. Considerações sobre o papel da família na educação de surdocegos. **Políticas Educativas**, Campinas, v. 1, n. 2, p. 121- 134, jul. 2008. BOAS, D. C. V. *et al.* A comunicação de pessoas com surdocegueira e a atuação fonoaudiológica. **Distúrbio Comun**, São Paulo, p. 407-414, dez. 2012. BRASIL. **Lei n.º 9.394, de 20 de dezembro de 1996**. Estabelece as diretrizes e bases da educação nacional. Brasília, DF: Presidência da República, 1996. MASINI, E. F. S. A educação de estudantes portadores de surdocegueira. *In*: MASINI, E. F. S. (org.). **Do sentido... pelos sentidos... para o sentido**. São Paulo: Vetor Editora, 2002. p. 121-144.	

Fonte: adaptação do PPP do curso de licenciatura em Letras Libras em IFNMG (2017)

Quadro 6 – Segunda disciplina do curso licenciatura em Letras – Língua Brasileira de Sinais (LIBRAS)

Disciplina: Libras Tátil (Optativa)	Carga Horária: 60h
Ementa: A língua de sinais tátil como comunicação e inclusão da pessoa surdocega. O uso das tecnologias assistivas e os códigos de linguagem	
Bibliografia Básica: BRASIL. Secretaria de Educação Especial. **Saberes e Práticas da inclusão**: dificuldades de comunicação e sinalização: surdocegueira/múltipla deficiência sensorial. 2. ed. Brasília, DF: MEC/SEESP, 2003. BRASIL. Ministério da Educação. Secretaria de Educação Especial. Educação Infantil. **Estratégias e orientações pedagógicas para a educação de crianças com necessidades educacionais**. Brasília, DF: MEC, 2000. WATERHOUSE, E. J. Definições, Responsabilidades e Direitos dos Surdocegos. *In*: I Seminário Brasileiro de Educação do Deficiente Audiovisual. São Paulo. **Anais** [...] São Paulo: ABEDEV, 1977.	

Disciplina: Libras Tátil (Optativa)	**Carga Horária: 60h**
Bibliografia Complementar: AHIMSA. **Código de Ética do Intérprete.** [*S. l.*: *s. n.*], 2003. Disponível. AMARILIAN, M. L. T. Comunicação e participação ativa: a inclusão de pessoas com deficiência visual. *In*: AMARILIAN, M. L. T. (org.). **Deficiência visual**: perspectivas na contemporaneidade. São Paulo: Vetor, 2009. BRASIL. **Diretrizes Nacionais para a Educação Especial na Educação Básica.** Brasília, DF: MEC; SEESP, 2001. BRASIL. Ministério da Educação. **Saberes e práticas da inclusão:** dificuldades de comunicação e sinalização: surdocegueira e múltipla deficiência sensorial. Brasília, DF: MEC/SEESP, 2004. BRASIL. Ministério da Justiça. **Declaração de Salamanca e linha de ação sobre necessidades educativas especiais.** 2. ed. Brasília, DF: CORDE, 1997 em: http://www.ahimsa.org.br/centro_de_recursos/projeto_horizonte/CODIGO_DE_ETICA_DO_INTERPRETE.pdf. Acesso em: 20 maio 2011. FORCHETTI, D. A. **A história de Iago**: o menino guerreiro no mundo da comunicação alternativa. Dissertação (Mestrado em Fonoaudiologia) – Pontifícia Universidade Católica de São Paulo, São Paulo, 2000. MINAYO, Maria Cecília de Souza. **O desafio do conhecimento**: pesquisa qualitativa em saúde. São Paulo: Hucitec, 1994. TAILLE, Y. de L., OLIVEIRA, M. K., DANTAS, H. **Piaget, Vygotsky, Wallon**: Teorias psicogenéticas em discussão. São Paulo: Ed. Summus, 1992.	

Fonte: adaptação do PPP do curso de licenciatura em Letras Libras em IFNMG (2017)

A bibliografia adotada por ambas as disciplinas, apesar de interessante, destaca a pessoa Surdocega, sua inclusão socioeducacional, suas formas de comunicação, seu aprendizado, sua convivência, suas causas e suas peculiaridades. Não há registro sobre o Guia-Intérprete, seus processos de tradução e interpretação que devem ser realizados durante a comunicação, como também não há referência sobre técnicas ou mesmo estratégia, competência e formação tradutórias e interpretativas que são o básico para a formação de discentes que irão trilhar na Guia-interpretação. Outro ponto interessante é o curso em que é oferecida a disciplina: na licenciatura.

Este capítulo teve como objetivo apresentar, de forma cronológica, os diversos cursos de formação oferecidos no Brasil e a origem deles. Também elencamos legislações que citam a profissão e que determinam seu papel ou função e, por fim, analisamos as grades curriculares das universidades públicas e particulares de formação de bacharelado em Línguas de Sinais na busca de disciplinas específicas para a formação do GI.

Toda a pesquisa teve como objetivo reconhecer os pressupostos que formam o Guia-Intérprete no Brasil e nos trouxe algumas conclusões:

i. os cursos oferecidos pelas associações, grupos e instituições que formam Guias-Intérpretes são de grande importância. Porém, é necessário um aprofundamento, uma especificação teórica acerca do que são os Estudos da Tradução – ET, os Estudos da Interpretação – EI e como esses formam uma base para a atuação do GI. É preciso nivelar esse aprendizado à mesma formação dos Tradutores e Intérpretes de Línguas de Sinais;

ii. sobre a legislação, o termo Guia-Intérprete tem seu registro, está lá em diversos pontos. Contudo, não há uma definição, uma descrição do agir, de quem vai formar, de como será feita essa atuação em espaços diversos e, principalmente, a quem cobrar essa formação na esfera federal, estadual e municipal; e

iii. os cursos universitários analisados nos mostram uma realidade sobre a Guia-intepretação no Brasil. Apesar da legislação determinar a presença do Guia-Intérprete — mesmo sem definir quem é esse profissional e qual sua função — não há referência nas formações dos cursos de bacharelado em Tradução e Interpretação de Línguas de Sinais no Brasil. Ou seja, o profissional que deseja ter um conhecimento acadêmico tem de buscar a disciplina optativa, como por exemplo a da UFG, que já apresentamos, ou deve solicitar permissão para ser aluno de um outro curso, no caso licenciatura em Letras-Libras do IFNMG, que também já apresentamos.

Por fim, podemos apontar que a legislação e os estudos de formação no Brasil demonstram uma desvalorização do profissional Guia-Intérprete. Grande parte das pesquisas e bibliografias citadas estão centradas na Educação, que tem um papel importante para o desenvolvimento dos processos de ensino e aprendizagem do Surdocego, mas que não são suficientes para a organização profissional e acadêmica de um Guia-Intérprete.

É provável que uma das hipóteses para esse não reconhecimento esteja na ausência de compreensão do que seja realmente o Guia-Intérprete, do que signifique a Guia-interpretação e de qual seja a definição dos processos tradutórios que envolvem a Libras Tátil, a Libras em Campo Reduzido ou mesmo o Tadoma, entre outras.

Acreditamos que, ao compreender melhor as Terminologias envolvidas, a formação de Guias-Intérpretes passe a ser reconhecida como um espaço diferente da área de ensino e mais próxima do campo dos Estudos da Tradução e Estudos da Interpretação.

Dessa forma, no próximo capítulo abordaremos a Terminologia como ciência, e os Estudos da Tradução como área correlata às pesquisas desenvolvidas nessa área e sua grande importância para a formação dos Guias-Intérpretes.

CAPÍTULO 2

TERMINOLOGIA COMO INSTRUMENTO DE FORMAÇÃO DE TRADUTORES, INTÉRPRETES E GUIAS-INTÉRPRETES

Iniciaremos este capítulo com a apresentação das três partes do presente estudo. Na primeira delas, será dada importância à relação entre a Terminologia e tradução e seus referenciais teóricos. Na segunda seção do tema, ressaltaremos as pesquisas desenvolvidas na área de Terminologia e Língua de Sinais realizadas por pesquisadores mestres e doutores surdos na área. O objetivo é alinhar esta pesquisa às que já vêm sendo desenvolvidas. Por fim, será exposta a relação entre a Terminologia e a formação de Guias-Intérpretes, bem como o levantamento das publicações bibliográficas na área de Surdocegueira, principalmente as relativas à função de Guia-Intérprete.

2.1 TERMINOLOGIA: REGISTRO IMPORTANTE

Considerando que a Terminologia, antes de ser reconhecida como uma ciência multidisciplinar, teve origem e evolução desde o momento em que as línguas são organizadas em gramáticas e dicionário (Faulstich, 1997), o primeiro registro histórico da palavra "terminologia" se encontra publicado no *Dictionnaire des sciences, des letters et des arts*, em 1864. O conceito desse vocábulo se apresenta como uma palavra que designa um conjunto de termos técnicos de uma ciência ou de uma arte e das ideias que elas representam (Barros, 2004). Porém, essa definição limitava a identificação da Terminologia como área de nomeação de objetos, elementos e ideias de uma determinada área. Com o advento das pesquisas científicas, o campo de atuação dessa área se desenvolve a tal ponto que o objeto do estudo em questão se transforma de uma simples nomeação de um léxico especializado em uma disciplina de descrição e análise de termos em contextos sociais de diversas línguas (Tuxi, 2017).

Para começar, enquanto um campo de estudo, uma disciplina com objeto específico e distinto, o termo Terminologia será grafado em letra maiúscula. Portanto, classificada como uma disciplina que descreve e analisa o léxico especializado em diversas áreas do conhecimento (Tuxi, 2017). Relacionaremos os referenciais teóricos a seguir.

Em 1931, a teoria do engenheiro Eugen Wüster qualifica e descreve o "termo" como uma unidade lexical concisa. O objetivo do autor era o desenvolvimento da padronização terminológica, visando evitar a ambivalência dos termos. Daí, veio a origem da Teoria Geral de Terminologia (TGT). Enfim, para o Wüster (1998) o termo é um elemento essencial na comunicação profissional e tem, por princípio, a uniformidade da comunicação.

Com a padronização terminológica em mente, a TGT sistematiza a relação unívoca entre termo e conceito no aspecto de comunicação da área de conhecimento. Afinal, o termo serve para nomear um conceito do mundo científico. Assim, ele aborda sob aspecto onomasiológico (conceito--termo), visando à definição tradicional por meio da rotulação e designação dos conceitos empregados na linguagem de especialidade. Apesar disso, a TGT foi tratada como uma teoria que limita o termo à representação de um único sentido, desconsiderando usos relacionados aos aspectos sociais, culturais e variacionistas, devido à sua visão monorreferencial.

Por conta disso, anos depois, aparecem novas correntes teóricas, relacionadas a seguir.

Quadro 7 – Síntese das teorias na área de terminologia

Ano	Local	Autor	Visão teórica
1976	Canadá	Pierre Auger	Surge uma nova corrente, a Socioterminologia, em que busca suas origens no cruzamento da sociologia da linguagem e interação linguística.
1980	França	Alain Rey	Terminologia é a área de análise do nome, em que um sistema definido é capaz de registrar o conceito e sua definição.
1991	França	François Gaudin	Terminologia é um ramo da Lexicologia não limitado à tradução, documentação e normalização, mas sim uma disciplina propensa a estudar os termos que veiculam as significações já inseridas nas práticas sociais.

Ano	Local	Autor	Visão teórica
1992	Espanha	Maria Tereza Cabré	Terminologia é um estudo dos termos especializados, enquanto disciplina. Como prática, tem confluência numa mesma estrutura dos princípios comuns do termo. Sendo produto dessa prática, equivale ao conjunto de termos de uma determinada especialidade que pode ser constituída em espaços sociais diversos.
1995	Brasil	Enilde Faulstich	Socioterminologia definida sob dois aspectos: a) Prática do trabalho terminológico: fundamentada na análise das condições de circulação do termo, baseada no funcionamento da linguagem; e b) Disciplina descritiva: estudo do termo sob a perspectiva linguística na interação social.

Fonte: adaptação da tese da Tuxi (2017)

Há de observar que os autores Auger, Gaudin e Faulstich, enquanto precursores da Socioterminologia nos seus respectivos países, reconhecem essa corrente como o uso do termo na interação social nos contextos em que são aplicados e suas relações sob âmbito sociocultural.

Em 1999, Cabré desenvolveu a Teoria Comunicativa de Terminologia (TCT), que tem o uso real do termo como principal ponto de análise descritiva das unidades terminológicas (Santos, 2018).

Em 2000, surge uma nova teoria terminológica, elaborada por Rita Temmerman, denominada Teoria Sociocognitiva de Terminologia (TST). Além de contestar a TGT de Wüster e ser semelhante da TCT da Cabré, a sua principal característica, conforme destacada por Santos (2018), está no fato de conceituar o termo como uma unidade de compreensão e como o "resultado de uma estruturação socioculturalmente modelizante" (Krieger, 2008 *apud* Santos, 2018, p. 95).

Portanto, nesta pesquisa de glossário monolíngue, aplica-se a Socioterminologia por conta de transição intermodal de um mesmo termo relacionado a sinal, impactando na compreensão pelos receptores Surdocegos, influenciando na sua difusão pela comunidade Surdocega.

O sinal-termo, cunhado por Faulstich, durante a orientação a Costa (2012, p. 33) na sua tese de mestrado intitulada "Proposta de modelo de enciclopédia bilíngue juvenil: Enciclolibras (2012)", em que designa "um sinal que compõe um termo específico da LSB". O sinal-termo é

> 1. Termo da Língua de Sinais Brasileira que representa conceitos com características de linguagem, próprias de classe de objetos, de relações ou de entidades. 2. Termo adaptado do português para a Língua de Sinais Brasileira para representar conceitos que denotem palavras simples, compostas, símbolos ou fórmulas, usados nas áreas específicas do conhecimento (Faulstich, 2011 *apud* Castro Júnior, 2014, p. 28).

O conceito de sinal-termo foi mais bem desenvolvido pelo Gláucio de Castro Júnior, na sua tese de doutorado, denominada "Projeto VarLibras", que o define como

> [...] um elemento que permite a partir de suas bases paramétricas, primordialmente, na perspectiva da terminologia, por meio das condições paramétricas, a constituição das propriedades linguísticas conceituais do termo e definir a pouca ocorrência de variação linguística ou da necessidade da substituição, para que se chegue à conclusão do significado (Castro Júnior, 2014, p. 246).

As linhas de pesquisa terminológica são de grande importância para o fundamento teórico das pesquisas e como linha de base de construção de pensamentos científicos. As linhas anteriores foram base de teses que têm como tema central a terminologia e as línguas de sinais. A seguir, apresentaremos um breve histórico dessas pesquisas, realizadas por acadêmicos surdos e que repercutiram de forma impactante no campo da terminologia e das línguas de sinais.

2.2. TERMINOLOGIA E LÍNGUA DE SINAIS: PESQUISAS EM PROCESSO

Nesta seção, apresentamos teses de doutorado produzidas por acadêmicos surdos com foco na terminologia das línguas de sinais. São pesquisas realizadas especialmente em duas instituições de ensino: UFSC e UnB.

Iniciamos com a tese de doutorado de Castro Júnior (2014), que tem como tema a variação linguística em Língua de Sinais Brasileira (Libras) e apresenta alguns procedimentos para a elaboração de uma pesquisa terminológica, de natureza bilíngue Libras/Português. Nessa pesquisa, registram-se sinais-termo que se apresentam de formas variantes na Libras com vistas à criação de um Núcleo de Pesquisa em Variações Regionais dos Sinais da Libras (Varlibras). Para isso, a metodologia estabelecida foi a análise de vídeos recebidos a partir de questionários aplicados no site do Projeto Varlibras e o registro de cada sinal-termo em Libras. Como resultado, o autor mostra difusão dos sinais-termo criados, que o registro lexicográfico da Libras é fundamental, principalmente se feito por pesquisadores de um núcleo especializado como o Varlibras, que tem por meta elaborar dicionários, léxico alfabético bilíngue e glossários em Libras.

A tese de doutorado de Martins (2018) visa documentar, em Libras, os sinais-termo relacionados à área de Psicologia que são utilizados por psicólogos surdos brasileiros. Na oportunidade, essa pesquisa se dedicou a registrar os sinais-termo na área da Psicologia, utilizados no Brasil. Para isso, a metodologia estabelecida consistiu dos seguintes procedimentos: a) seleção dos termos em português; b) seleção dos informantes; c) seleção dos juízes; d) organização de questionários; e) avaliação e validação de sinais-termo dos juízes; f) preenchimento da ficha terminológica; g) registro dos sinais-termo validados; e h) publicação no site do Glossário de Libras. Como resultado, a autora registrou 83 sinais-termo da área da Psicologia.

A tese de doutorado de Andrade (2019) objetiva a produção de um glossário multilíngue na área de nutrição e alimentação, em três línguas de sinais: a brasileira (Libras), a norte-americana (ASL) e a francesa (LSF) — as três pertencendo à mesma família Linguística. Na oportunidade, a pesquisa registra sinais-termo e suas variantes na área de nutrição e alimentação, utilizados no Brasil. Para isso, a metodologia estabelecida consistia dos seguintes procedimentos: a) pesquisa bibliográfica em dicionários e glossários nas respectivas línguas; b) complementação dos sinais-termo; c) validação na Comunidade Surda; e d) organização em fichas terminográficas, contendo informações paramétricas, conceituais e de contexto. Como resultado, a autora registrou 561 sinais-termo da área de nutrição e alimentação, cuja série de vídeos compõe uma nova ferramenta de acesso aos sinais-termo e conceitos da área.

Na tese de doutorado de Prometi (2020), em que o objeto do estudo são os termos dos instrumentos musicais da área de Música em Libras, há a criação de seus sinais-termo assim como sua validação. Nessa pesquisa, o objetivo foi criar um Léxico Visual Bilíngue da área da Música que atenda a duas línguas, o português e a LSB. Na oportunidade, a metodologia estabelecida consistia dos seguintes procedimentos: a) seleção dos termos em português para a criação dos sinais-termo da área da Música; b) recolha dos recursos visuais do Léxico Bilíngue para apresentá-los ao grupo de pesquisa; c) discussão no grupo de pesquisa sobre os conceitos dos termos escolhidos em português para a criação dos sinais-termo da área da Música; d) criação dos sinais-termo da área da Música; e) gravação em vídeo e registro em foto dos verbetes do Léxico Visual Bilíngue; f) armazenamento dos sinais-termo em mídias digitais; e g) validação dos sinais-termo da área da Música. Foi realizada, ainda, a análise de duas obras lexicográficas, cujos sinais musicais fossem a base do roteiro. Como resultado, a autora tornou acessível um material de consulta direcionado, em especial, aos alunos Surdos que estudam Música, professores e tradutores e intérpretes de Línguas de Sinais.

Na tese de doutorado de Costa (2020), o objetivo geral foi analisar o corpus linguístico da terminologia em Língua Brasileira de Sinais, na área de Ciências Naturais, especificamente sobre os sistemas do corpo humano, com foco nos sistemas cardíaco, respiratório e reprodutor, a fim de compreendê-los a partir de uma perspectiva terminológica e produzir um material digital, bilíngue, acessível, com sinais-termo dessa temática. Na oportunidade, foi realizada uma pesquisa de abordagem qualitativa, em que foi utilizada a metodologia de discussão e interação em grupos de pesquisas compostos por surdos que, por meio do levantamento de dados, visou analisar os sinais-termo sob uma perspectiva terminológica e assim estabelecer um conjunto de dados que pudessem relacionar devidamente os conceitos em Libras e em Língua Portuguesa, além de fundamentar as devidas correlações existentes entre ambas as línguas. Consequentemente, foi criada uma abordagem teórica sobre a gramática das línguas de sinais denominada Visologia Corporal, que se traduz por uma leitura visual do corpo e da mente do emissor, o que influencia decisivamente nas escolhas lexicais e terminológicas, a partir de um cenário tridimensional. Como resultado, esse estudo permitiu a criação de um material enciclopédico digital contextualizado, amparado em tecnologia visual, denominado "EncicloSigno em contexto", demonstrado por meio de um site acessível composto por uma terminologia científica.

2.3 SOCIOTERMINOLOGIA E FORMAÇÃO DE GUIAS-INTÉRPRETES SURDOS

Nesta seção, relacionaremos a aplicação prática da socioterminologia na formação de Guias-Intérpretes Surdos.

Há de lembrar que a Socioterminologia, enquanto disciplina descritiva, aplica um dos princípios que trata de Etnografia, em que são "as comunicações entre membros da sociedade capazes de gerar conceitos interacionais de um mesmo termo ou de gerar termos diferentes para um mesmo conceito" (Faulsitch, 1995, n.p.). Por sua vez, a Libras Tátil é uma modalidade intralingual e intramodal, ou seja, é uma língua de sinais tátil que não depende de recepção visual, direcionando a recepção na forma tátil, cujo processo intramodal envolve a modalidade gestual-visual-tátil (Ferreira, 2019), para os Guias-Intérpretes Surdos.

Pensar essas duas estruturas de organização linguística nos fez abstrair como se dá a constituição real do sinal-termo na perspectiva da Libras tátil. Seria uma construção de tradução do modo viso-espacial para o háptico? Ou seria uma nova construção, um novo signo linguístico, um novo pensamento de tradução e interpretação que o Guia-Intérprete, no caso desta pesquisa, Surdo, deve possuir?

O pensamento de que ocorre uma tradução entre a Libras para a Libras Tátil já é um registro real, como afirma (Collins, 2004), portanto o sinal-termo quando aplicado no campo da guia-interpretação também tem um novo processo de pensamento, um novo signo linguístico que vai além do já expressado no sinal-termo. Esse pensamento teórico é que baseia a organização do glossário monolíngue e que norteia o pensamento inicial do termo-sinal-tátil[32]. A seguir daremos início ao percurso metodológico para a elaboração do glossário.

[32] O conceito inicial elaborado pela pesquisadora Ivonne Makhoul parte do contexto de que a tradução da Libras para a Libras Tátil perpassa uma nova construção do conceito linguístico do sinal-termo e que tem como base o pensamento abstrato háptica.

CAPÍTULO 3

METODOLOGIA COM ORGANIZAÇÃO DE SINAIS-TERMO EM GLOSSÁRIO MONOLÍNGUE EM LIBRAS

Neste capítulo, apresentaremos as técnicas metodológicas deste trabalho. Para isso, seguiremos a proposta metodológica de Tuxi (2017) sobre metodologia de pesquisa em Terminologia e os Estudos da Tradução para organização de glossários monolíngues que tenham como língua de ensino as Línguas de Sinais.

3.1 ABORDAGEM E NATUREZA DA PESQUISA

Nesta pesquisa, utilizamos a abordagem qualitativa, de natureza descritiva. Segundo Godoy (1995, p. 58), a abordagem qualitativa:

> [...] é a obtenção de dados descritivos sobre pessoas, lugares e processos interativos pelo contato direto do pesquisador com a situação estudada, para compreender os fenômenos segundo a perspectiva dos sujeitos, ou seja, dos participantes da situação em estudo.

Também é possível compreender o conceito de abordagem qualitativa, Segundo Flick (2010, p. 16):

> A pesquisa qualitativa é uma atividade situada que posiciona o observador no mundo. Ela consiste em um conjunto de práticas interpretativas e materiais que tornam o mundo visível. Essas práticas transformam o mundo, fazendo uma série de representações, incluindo notas de campo, entrevistas, conversas, fotografias, gravações e anotações pessoais. Nesse nível, a pesquisa qualitativa envolve uma postura interpretativa e naturalística diante do mundo. Isso significa que os pesquisadores desse campo estudam as coisas em seus contextos naturais, tentando entender ou interpretar os fenômenos em termos dos sentidos que as pessoas lhes atribuem.

A pesquisa pretende analisar as questões que combinam o espaço de Guia-Intérprete, no ambiente do uso de Surdocegueira e com relação a descrever, analisar e coletar seus elementos.

Nessa lógica, a natureza da pesquisa descritiva, afirma o autor Gil (1999, p. 46), "[...] tem como objetivo primordial a descrição das características de determinada população ou fenômeno ou, então, o estabelecimento de relações entre as variáveis". Assim, a presente pesquisa possibilitou analisar o ambiente de Libras inserida no contexto real da situação, tanto pela prestação de serviços Guias-Intérpretes Surdos como pela atuação de Guia-Intérprete.

Assim, com base na abordagem, na natureza e nos procedimentos, apresentamos as etapas metodológicas da pesquisa terminológica. Utilizaremos o percurso metodológico instituído por Tuxi (2017), com pesquisa durante o processo de observação, coleta, análise e registro dos sinais-termo em Libras, em sua tese de doutorado por meio da metodologia, na qual a autora desenvolveu um fluxograma que visa ao cadenciamento processual, com base nos princípios teóricos de Chiavenato (2007).

> [...] o fluxograma tem uma representação horizontal que significa as etapas desenvolvidas em determinado tempo e a representação vertical os procedimentos executados em cada etapa, sendo que estes precisam ser concluídos para que uma nova etapa se inicie. As etapas consistem em: i) As etapas do percurso metodológico e ii) A segunda fase da terceira etapa que é: Organização e elaboração das Fichas Terminológicas em LSB (Tuxi, 2017, p. 121).

Segue o fluxograma de Tuxi (2017) na Figura 1 a seguir.

Figura 1 – Fluxograma de Tuxi

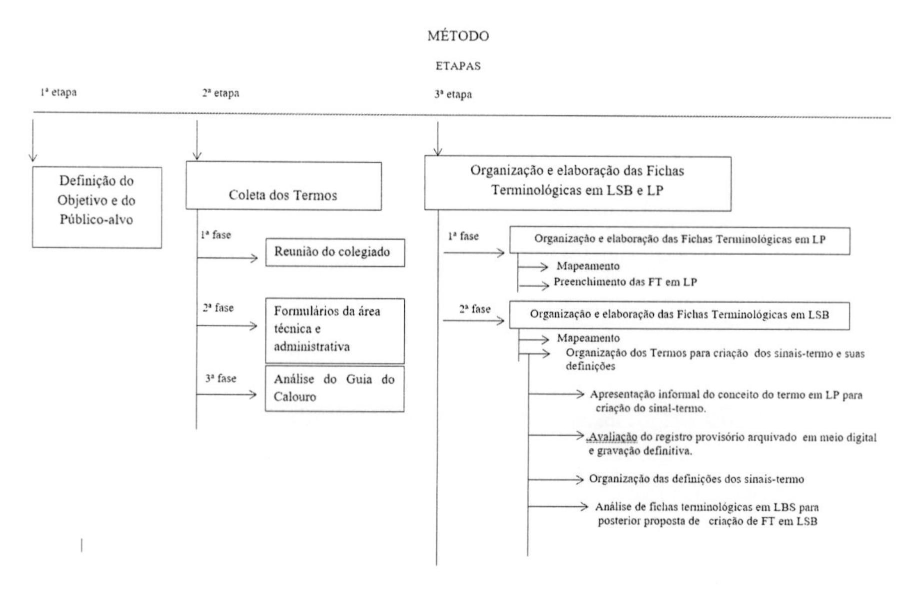

Fonte: Tuxi (2017)

Baseado nesse fluxo, segue uma adaptação da pesquisadora (2021):

Figura 2 – Adaptação da autora do fluxograma de Tuxi (2017)

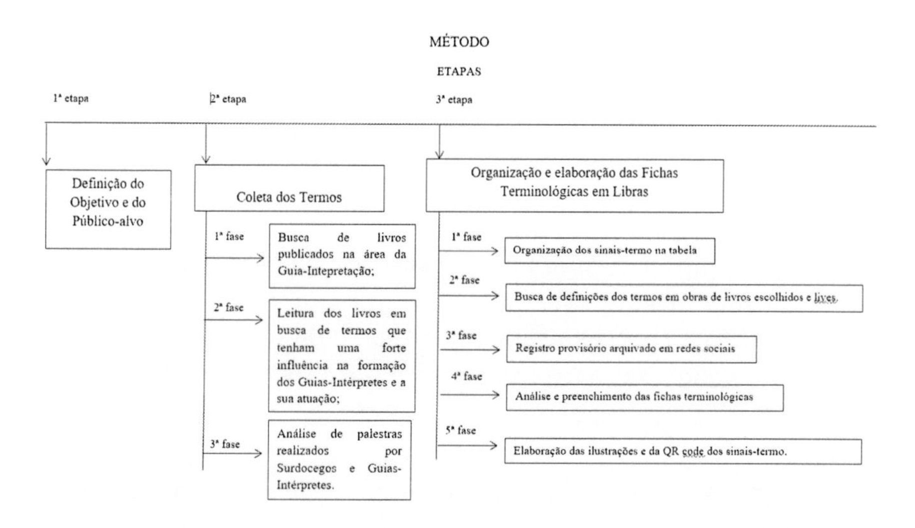

Fonte: a autora (2021)

Esse fluxograma é adaptado a partir do apresentado anteriormente. Iniciamos descrevendo as três etapas principais e seus procedimentos específicos. São elas: a primeira fase retrata o objetivo e público-alvo. A segunda, denominada Coleta dos Termos, subdivide-se em três fases, a saber: i) busca de livros publicados na área da Guia-Interpretação; ii) leitura dos livros em busca de termos que tenham uma forte influência na formação dos Guias-Intérpretes e na sua atuação; e iii) análise de palestras realizados por Surdocegos e Guias-Intérpretes. A terceira fase refere-se à Organização e elaboração das fichas terminológicas em Libras.

3.2 DEFINIÇÃO DO OBJETIVO E DO PÚBLICO-ALVO

A primeira etapa consiste em definir o objetivo e o público-alvo da pesquisa. Assim, o objeto de estudo são os Guias-Intérpretes Surdos, com o objetivo de um glossário monolíngue com os sinais-termo do campo da Guia-Interpretação em Língua Brasileira de Sinais. Esta pesquisa segue o modelo de glossário proposto por Faulstich (1995 *apud* Tuxi, 2017), que entende como:

> a) Repertório que define termos de uma área científica ou técnica, dispostos em ordem alfabética, podendo apresentar ou não remissivas.
>
> b) Repertório em que os termos, normalmente de uma área, são apresentados em ordem sistemática, acompanhados de informação gramatical, definição, remissivas podendo apresentar ou não contexto de ocorrência.
>
> c) Repertório em que os termos são apresentados em ordem alfabética ou em ordem sistemática seguidos de informação gramatical e do contexto de ocorrência (Faulstich, 1995, p. 16).

Por entender que esta pesquisa vem se juntar às demais já realizadas na área, dentre as que mais destacamos e apresentamos anteriormente, escolhemos seguir o mesmo pressuposto teórico, ou seja, adotar a letra "c". Assim, entendemos o glossário como um conjunto de termos da área científica ou técnica, organizado em ordem alfabética ou sistêmica que contém informações importantes para a compreensão dos significados do termo no sistema linguístico social.

Nesta pesquisa, o glossário é monolíngue, pois destina-se à formação de Guias-Intérpretes Surdos que atuam no campo profissional da Guia-interpretação.

Na proposta, a organização ocorre em Língua Brasileira de Sinais – Libras, podendo, se possível, apresentar seu equivalente em uma outra língua de sinais (língua de sinais de outros países). Dessa forma, o glossário segue uma estrutura direta baseada na modalidade visuoespacial da Língua de Sinais.

A segunda fase desta primeira etapa, considera a identificação do público-alvo. De acordo com Faulstich (1995, p. 35), "[...] identificar o consulente é o primeiro passo de um trabalho terminográfico, pois determina a estrutura e o tipo de obra que será elaborada". Assim sendo, o público-alvo desta pesquisa são profissionais que atuam de maneira formal ou informal, como Guias-Intérpretes com pessoas com Surdocegueira pós-linguística, usuárias da Língua Brasileira de Sinais.

Portanto, com os objetivos e o público-alvo definidos, passamos a descrever a próxima etapa da pesquisa, que consiste na Busca dos Termos.

3.3 BUSCA E COLETA DOS TERMOS

A etapa denominada "Busca dos Termos" consistiu em três fases que ocorreram em espaços e momentos específicos: i) busca de livros publicados na área da Guia-Interpretação; ii) leitura dos livros em busca de termos que tenham uma forte influência na formação dos Guias-Intérpretes e na sua atuação; e iii) análise de palestras realizadas por Surdocegos e Guias-Intérpretes, por meio de vídeos publicados nas redes sociais, para contrastar com os termos retirados dos livros.

A primeira fase foi bem desafiadora, pois houve uma busca incessante de livros que abordassem a guia-interpretação. Na realidade, ficou claro que há ainda poucas publicações de obras literárias acerca dos Estudos da Tradução e Interpretação das Línguas de Sinais. Há um número significativo de artigos, resumos expandidos, mas não livros publicados. Sobre GI encontramos duas obras: uma datada de 2010 e outra atual de 2019. Por uma visão de desenvolvimento da área, optamos pela obra de 2019 intitulada *Práticas de Interpretação Tátil e Comunicação Háptica para Pessoas com Surdocegueira*.

A seguir, nas Figuras 3 e 4, apresentamos as capas dos livros da área.

Figura 3 – Livro: *Descobrindo a surdocegueira*

Fonte: Cader-Nascimento e Costa (2010)

Figura 4 – Livro: *Práticas de Interpretação Tátil e Comunicação Háptica para Pessoas com Surdocegueira*

Fonte: Araújo (2019)

Partindo para a segunda fase da segunda etapa, considerando a frequência e o uso pela comunidade Surdocega, encontramos 18 termos mais utilizados nas publicações escritas, para análise de acordo com a problemática desta pesquisa.

Os termos são:

Quadro 8 – Termos utilizados nas publicações escritas

ABRASC	FEBRAPILS
ALFABETO MANUAL COM DUAS MÃOS	ORIENTAÇÃO E MOBILIDADE
ALFABETO MANUAL TÁTIL	SISTEMA BRAILLE TÁTIL
FENEIS	SÍNDROME USHER

ABRASC	FEBRAPILS
GUIA VIDENTE	GRUPO BRASIL
GUIA-INTERPRETAÇÃO	SURDOCEGO COM BAIXA VISÃO
GUIA-INTÉRPRETE	SURDOCEGO
HÁPTICA	PRÓ-TÁTIL
INSTRUTOR MEDIADOR	AHIMSA
LIBRAS EM CAMPO REDUZIDO	RETINOSE PIGMENTAR
LIBRAS TÁTIL	SURDOCEGO AQUIRIDO

Fonte: Makhoul (2020)

Com o fim de busca dos termos, resolvemos separá-los e agrupá-los em cinco categorias. Para entender a separação, nomeamos os grupos da seguinte maneira: formas de comunicação, instituição, profissão com técnica, característica subjetiva. A seguir, Figuras 5 a 8, as categorias dos termos selecionados.

Figura 5 – Categoria: instituições

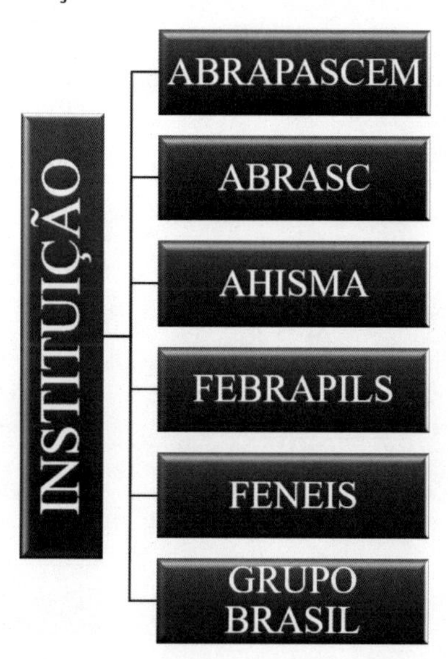

Fonte: Makhoul (2021)

Figura 6 – Categoria: profissões

Fonte: Makhoul (2021)

Figura 7 – Categoria: características subjetivas

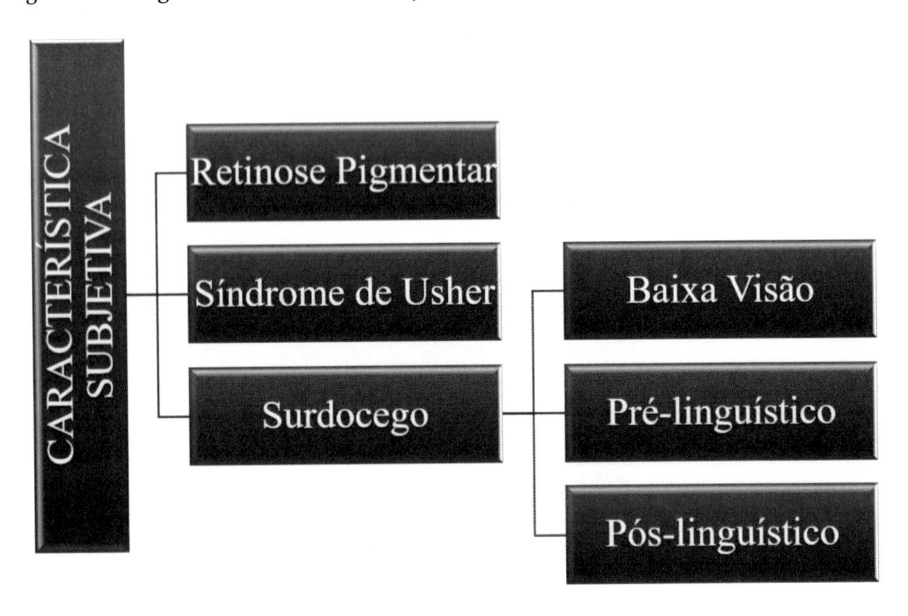

Fonte: a autora (2021)

Figura 8 – Categoria: formas de comunicação

FORMAS DE COMUNICAÇÃO

- Libras Tátil
- Libras em campo reduzido
- Braille Tátil/Manual
- Fala Ampliada
- Escrita na palma da mão
- Uso do dedo como lápis/giz
- Placas alfabéticas com letras
- Meios técnicos com saída em Braille
- Alfabeto Manual Tátil
- Alfabeto com duas mãos
- Tadoma
- Escrita Ampliada
- Sistema Lorm
- Sistema Malossi

Fonte: a autora (2021)

A terceira e última fase da segunda etapa foi a coleta dos sinais-termo em Libras, nas *lives* que ocorreram durante a pandemia e que tinham como tema a formação de GIS e/ou aprendizado do Surdocego. A seguir são apresentadas as palestras realizadas ao vivo, em que foram coletados os sinais-termo.

Durante a pandemia, que perdura desde 26 de fevereiro de 2020, a primeira *live* com o tema "GUIA-INTÉRPRETE PARA SURDOCEGO", apresentado no canal de Youtube "Letras Libras-LPL2 UFRN", contando com a participação da palestrante Rosani Suzin, líder surdocega, que discorreu sobre "Interpretação Libras pró-tátil para Surdocegos", da Lara Gontijo, outra líder surdocega, que, por sua vez, expôs o tema "Capacitação Profissional para atuar com Surdocegos" e, por fim, da pesquisadora Ivonne Makhoul, Guia-Intérprete e professora, com o tema "Guia-Intérprete Surdo". A seguir a divulgação do cartaz da palestra realizada ao vivo.

Figura 9 – Palestra: Guia-intérprete para surdocego

Fonte: Makhoul (2021)[33]

Depois foi realizada a segunda *live* com tópico "Relatos: Experiências sobre o trabalho do guia-intérprete surdo", realizado no canal de Youtube da Federação Brasileira das Associações dos Profissionais Tradutores e Intérpretes e Guias-Intérpretes de Língua de Sinais (FEBRAPILS), com apoio da Associação Catarinense de Tradutores e Intérpretes de Língua Sinais (ACATILS)[34], com a presença das palestrantes Rosani Suzin e Ivonne Azevedo Makhoul, conforme o cartaz a seguir.

[33] *Live* disponibilizada no canal do Youtube "Letras Libras-LPL2 UFRN", no *link*: https://youtu.be/Ctbxh2ChTtw.

[34] Associação Catarinense de Tradutores e Intérpretes de Língua Sinais (ACATILS), com contato: acatils@gmail.com.

Figura 10 – Palestra: Relatos e experiências sobre o trabalho do guia-intérprete surdo

Fonte: Makhoul (2021)[35]

A terceira live aborda o assunto "Surdocegos em tempo de pandemia", realizada no canal Youtube da Federação Nacional de Educação e Integração dos Surdos (Feneis), promovida pela regional do estado de Paraná, com apoio da Sociedade dos Surdos do Rio Grande do Sul, com a apresentação das palestrantes Rosani Suzin, Vânia Ferreira Farias e Ivonne Makhoul, com a mediação do professor Surdocego Carlos Eduardo Vilela. Eis a divulgação a seguir.

[35] *Live* disponibilizada no canal do Youtube Canaldafebrapils, no *link*: https://youtu.be/A2i1kYZSTAQ.

Figura 11 – Palestra: Surdocegos em tempo de pandemia

Fonte: Makhoul (2021)[36]

Nessa palestra ocorrida ao vivo, a apresentação da professora Ivonne Makhoul relata "Experiência de Intercâmbio e minha profissionalização como Guia-Intérprete", conforme o recorte a seguir.

Figura 12 – Palestra: Experiência de intercâmbio e minha profissionalização como guia-intérprete

Fonte: Makhoul (2021)[38]

[36] *Live* disponibilizada no canal do Youtube Feneis Oficial, no *link:* https://youtu.be/xsSvswEIwHU.

A quarta *live*, por ocasião do "Seminário de Letras Libras", promovida pelo alunado do campus Montes Claros do Instituto Federal Norte de Minas Gerais (IFNMG), discutiu sobre o novo Decreto n.º 10.502/2020, que engloba a pessoa com Surdocegueira, como se vê no cartaz a seguir.

Figura 13 – Palestra: Decreto n.º 10.502/2020 e a pessoa com Surdocegueira

Fonte: Makhoul (2021)[37]

A última apresentação realizada ao vivo, mas não derradeiro *live* enquanto perdurar a situação da pandemia, trata do "Encontro dos Tradutores, Intérpretes e Guia-Intérpretes de Libras/Português" produzida pelo Instituto de Educação e Ensino de Libras (IEEL), que versa sobre a atuação de Guia-Intérprete Surdo na área da Educação, conforme pode ser visto na publicação a seguir.

[37] *Live* disponibilizada no canal do Youtube MOC 1 IFNMG, no *link*: https://youtu.be/pkz_qznNnEk.

Figura 14 – Palestra: Atuação de guia-intérprete na área da educação

Fonte: Makhoul (2021)[38]

A partir de todas as *lives* e do conteúdo apresentado, foi possível chegar a um novo quadro de termos. Dessa vez, 37 termos que compõem o universo conceitual da atuação do Guia-Intérprete Surdo e que precisa ser organizado e registrado de forma a ser oferecido na formação, ensino, complemento de material didático e forma de consulta de profissionais que atuam ou desejam atuar na área. A seguir os termos selecionados:

[38] *Live* disponibilizada no canal do YouTube IEEL LIBRAS, no *link*: https://youtu.be/Y_ES07A-U1s.

Quadro 9 – Termos selecionados após *lives*

ABRAPASCEM	GUIA-VIDENTE
ABRASC	HÁPTICA
AHIMSA	INSTRUTOR MEDIADOR
ALFABETO LORM	LIBRAS EM CAMPO REDUZIDO
ALFABETO MANUAL COM DUAS MÃOS	LIBRAS TÁTIL
ALFABETO MANUAL TÁTIL	MALOSSI
BRAILISTA	ORIENTAÇÃO E MOBILIDADE
DEDO COMO LÁPIS	PLACA DE COMUNICAÇÃO
ESCRITA AMPLIADA	PRÓ-TÁTIL
ESCRITA PALMA DA MÃO	RETINOSE PIGMENTAR
FALA AMPLIADA	SÍNDROME USHER
FEBRAPILS	SISTEMA BRAILLE MANUAL TÁTIL
FENEIS	SURDOCEGO
GRUPO BRASIL	SURDOCEGO COM BAIXA VISÃO
GUIA-INTÉRPRETE	SURDOCEGO ADQUIRIDO
GUIA-INTÉRPRETE AMBIENTES COMUNITÁRIOS	SURDOCEGO CONGÊNITO
GUIA-INTÉRPRETE ARTÍSTICO	TADOMA
GUIA-INTÉRPRETE CONFERÊNCIA	TECNOLOGIA ASSISTIVA
GUIA-TRADUTOR	

Fonte: a autora (2021)

Com o fim da Busca dos Termos, passamos à elaboração da terceira etapa, que, seguindo o modelo proposto anteriormente (Tuxi, 2017), dá início à organização e à elaboração das fichas terminológicas. É preciso registrar que as Fichas Terminológicas são a base da organização do verbete e, portanto, uma fase importante.

3.4 ORGANIZAÇÃO E ELABORAÇÃO DAS FICHAS TERMINOLÓGICAS

Após a coleta, a etapa da organização e da elaboração das fichas terminológicas foram divididas em cinco passos: 1. Organização dos sinais-termo na Tabela. 2. Validação dos sinais-termo. 3. Registro provisório arquivado em redes sociais. 4. Análise e preenchimento das fichas terminológicas. 5. Elaboração das ilustrações e do QR Code dos sinais-termo.

3.4.1 Organização dos sinais-termo na tabela

Os sinais-termo foram organizados no Quadro 10. Nele, na primeira coluna, foram colocados todos os termos buscados. As colunas segunda e terceira correspondem à fonte pesquisada (azul para livros e verde para *lives*). Essas colunas são preenchidas com X quando o sinal-termo aparece na fonte.

Quadro 10 – Organização de sinais-termo

TERMOS	Livros		Lives				
	1	2	1	2	3	4	5
Alfabeto Lorm		X					
Alfabeto Manual com duas mãos	X	X	X				X
Alfabeto Manual Tátil	X	X	X	X	X	X	X
Dedo como lápis	X	X	X				X
Escrita Ampliada	X	X	X				X
Escrita Palma da mão	X	X	X				X

Fonte: Makhoul (2021)

3.4.2 Validação dos sinais-termo

Os sinais-termo não encontrados durante a coleta nas obras e *lives* foram levantados e validados na comunidade Surda e Surdocega pelos intérpretes e tradutores surdos e Surdocegos. Algumas validações ocorreram nos grupos de WhatsApp (aplicativo multiplataforma de mensagens instantâneas) em que foram questionados os sinais-termo não encontrados. São sinais-termo: Alfabeto Lorm, Alfabeto Malossi, Guia-Intérprete Ambientes Comunitários, Guia-Intérprete Artístico e Guia-Intérprete Conferência.

3.4.3 Registro provisório arquivado na plataforma de compartilhamento de vídeos

Durante a coleta, todos os sinais-termo coletados foram filmados, registrados como "não listados" provisoriamente e armazenados na plataforma de compartilhamento de vídeos YouTube, canal Ivonne Makhoul[39]. A filmagem dos registros "não listados" foi realizada em sua maioria pelo celular Samsung e *notebook* Acer, ambos de propriedade da pesquisadora.

3.4.4 Análise e preenchimento das fichas terminológicas

Como forma de organização das Fichas Terminológicas utilizamos uma estrutura composta de seis (6) partes, conforme a imagem a seguir.

Figura 15 – Estrutura da ficha terminológica

ORDEM (1)	ENTRADA (2)	
ENTRADA e DEFINIÇÃO (3)	LIBRAS (4)	QR CODE (5)
ILUSTRAÇÃO (6)		

Fonte: Makhoul (2021)

O campo de número um significa a ordem da Ficha Terminológica, que, nesse caso, vai de 1 a 38. O segundo campo é a entrada em Língua Portuguesa. O terceiro campo é muito importante para nós, pois traz a entrada em Língua de Sinais e a definição, ou seja, dá o conceito do termo em Libras.

[39] Disponibilizado no canal do Youtube Ivonne Makhoul, no *link*: https://www.youtube.com/channel/UCL-09ZznCTVIOfI4gVqQ87A.

O quarto campo é o sinal- termo, ou seja, o termo em Língua de Sinais com todo o significado conceitual que o sinal-termo deve ter. O quinto campo é o QR Code, adotado em toda a pesquisa e que segue o sistema de Tuxi (2017), no qual todos os registros devem oferecer ao consulente o sinal-termo com todos os seus aspectos de constituição gramatical. E o sexto campo é uma indicação por meio da imagem do significado que é o sinal-termo, seguindo modelo da ficha terminográfica de Andrade (2019).

Definida a estrutura da ficha, passamos ao registro delas a seguir.

ORDEM	01	ENTRADA	ASSOCIAÇÃO BRASILEIRA DE PAIS E AMIGOS DOS SURDOCEGOS E MÚLTIPLOS DEFICIENTES SENSORIAIS (ABRASCEM)
ENTRADA e DEFINIÇÃO	LIBRAS		QR CODE
ILUSTRAÇÃO[40]			

[40] Disponível em: https://www.google.com/url?sa=i&url=http%3A%2F%2Fwww.ahimsa.org.br%2F&psig=AOvVaw2_PLRxkBZrNtrPOrt910s5&ust=1616869209969000&source=images&cd=vfe&ved=0CAIQjRxqFwoTCLD32arJzu8CFQAAAAAdAAAAABAI. Acesso em: 1º maio 2021.

ORDEM	**02**	**ENTRADA**	**ASSOCIAÇÃO BRASILEIRA DE SURDOCEGOS (ABRASC)**
ENTRADA e DEFINIÇÃO	LIBRAS		QR CODE
ILUSTRAÇÃO[41]			
Abrasc Associação Brasileira de Surdocegos			

[41] Disponívelem:https://scontent-gru2-2.xx.fbcdn.net/v/t1.0-9/23843120_377535892706251_514165958945471843_n.jpg?_nc_cat=111&ccb=1-3&_nc_sid=e3f864&_nc_ohc=8MJbjNoU-b_8AX90-6wd&_nc_ht=scontent-gru2-2.xx&oh=766bfd050cffbbb2234f749448e7a8df&oe=608422A0. Acesso em: 1º maio 2021

ORDEM	03	ENTRADA	ASSOCIAÇÃO EDUCACIONAL PARA MÚLTIPLA DEFICIÊNCIA (AHIMSA)
ENTRADA e DEFINIÇÃO	LIBRAS 		QR CODE
ILUSTRAÇÃO[42]			
AHIMSA Associação Educacional para Múltipla Deficiência			

[42] Disponível em: http://www.ahimsa.org.br/. Acesso em: 1º maio 2021.

<table>
<tr><td>ORDEM</td><td>04</td><td>ENTRADA</td><td>SISTEMA LORM</td></tr>
<tr><td rowspan="2">ENTRADA
e
DEFINIÇÃO</td><td colspan="2">LIBRAS</td><td>QR CODE</td></tr>
<tr><td colspan="2"> </td><td></td></tr>
<tr><td colspan="4">ILUSTRAÇÃO[43]</td></tr>
<tr><td colspan="4"> 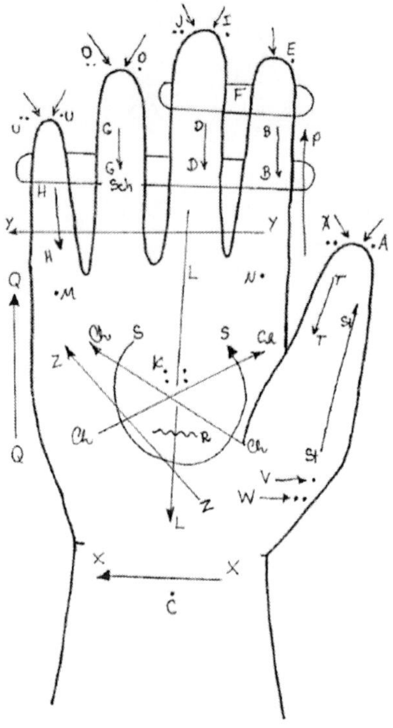</td></tr>
</table>

[43] Imagem do livro *Prática de Interpretação Tátil e Comunicação Háptica para pessoas com Surdo*cegueira (Araújo, 2019).

<table>
<tr><td>ORDEM</td><td>05</td><td>ENTRADA</td><td>ALFABETO MANUAL COM DUAS MÃOS</td></tr>
<tr><td rowspan="2">ENTRADA
e
DEFINIÇÃO</td><td colspan="2">LIBRAS</td><td>QR CODE</td></tr>
<tr><td colspan="2"> </td><td></td></tr>
<tr><td colspan="4">ILUSTRAÇÃO[44]</td></tr>
<tr><td colspan="4"> </td></tr>
</table>

[44] Imagem do livro *Prática de Interpretação Tátil e Comunicação Háptica para pessoas com Surdo*cegueira (Araújo, 2019).

ORDEM	06	ENTRADA	ALFABETO MANUAL TÁTIL
ENTRADA e DEFINIÇÃO	LIBRAS		QR CODE
ILUSTRAÇÃO[45]			

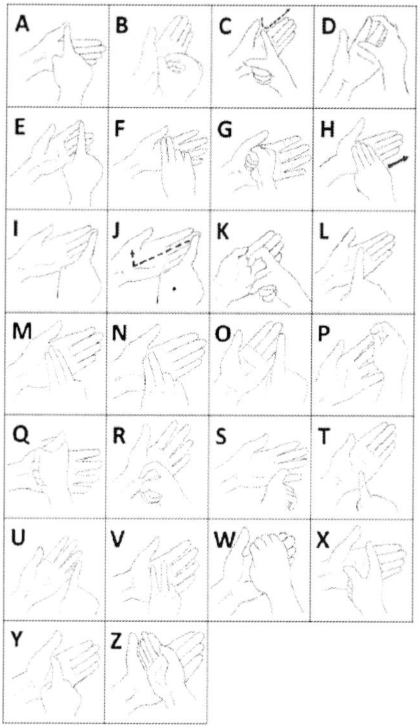

A B C D E F G H I J K L M N O P Q R S T U V W X Y Z

[45] Imagem do livro *Prática de Interpretação Tátil e Comunicação Háptica para pessoas com Surdoce*gueira (Araújo, 2019).

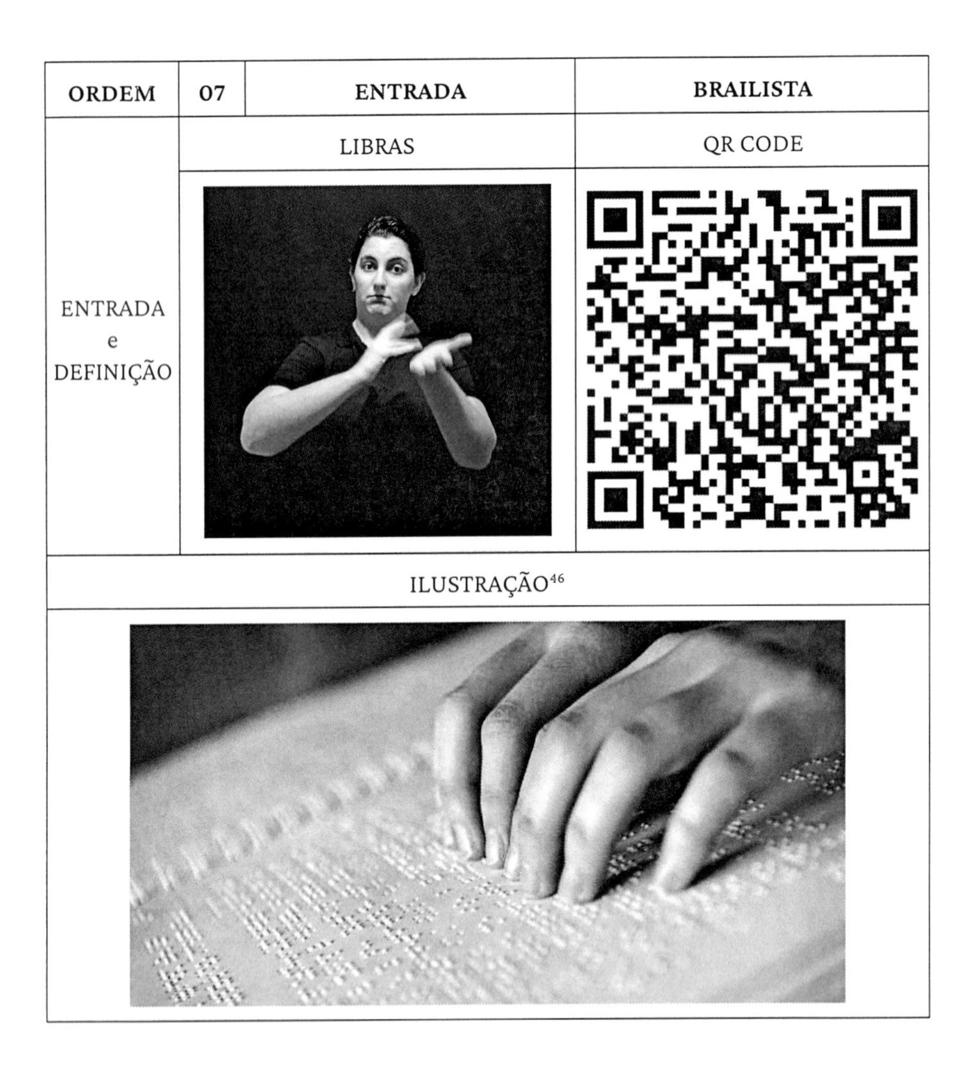

ORDEM	07	ENTRADA	BRAILISTA
ENTRADA e DEFINIÇÃO	LIBRAS		QR CODE
ILUSTRAÇÃO[46]			

[46] Disponível em: https://www.wreducacional.com.br/curso-de-sistema-braille. Acesso em: 1º maio 2021.

ORDEM	08	ENTRADA	USO DE DEDO COMO LAPÍS
ENTRADA e DEFINIÇÃO	LIBRAS		QR CODE

ILUSTRAÇÃO[47]			
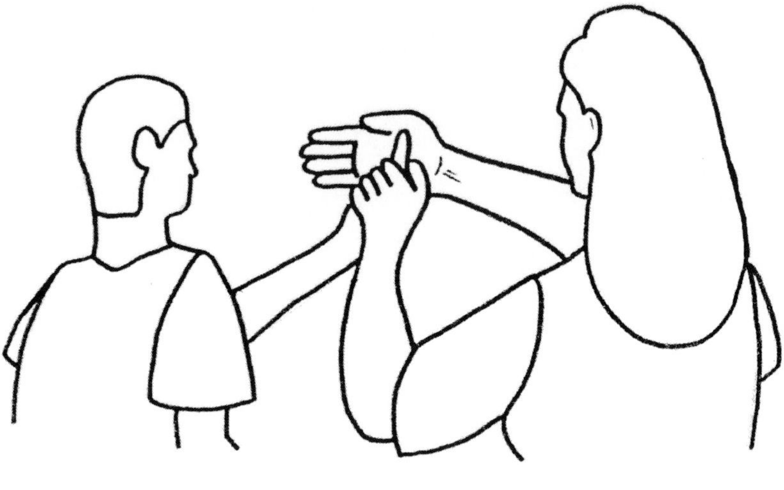			

[47] Imagem do livro *Prática de Interpretação Tátil e Comunicação Háptica para pessoas com Surdo*cegueira (Araújo, 2019).

<table>
<tr><td>ORDEM</td><td>09</td><td>ENTRADA</td><td>ESCRITA AMPLIADA</td></tr>
<tr><td rowspan="2">ENTRADA
e
DEFINIÇÃO</td><td colspan="2">LIBRAS</td><td>QR CODE</td></tr>
<tr><td colspan="2"></td><td></td></tr>
<tr><td colspan="4">ILUSTRAÇÃO[48]</td></tr>
<tr><td colspan="4"></td></tr>
</table>

[48] A pesquisadora não localizou uma imagem que possa ser uma referência do termo.

ORDEM	10	ENTRADA	ESCRITA NA PALMA DA MÃO
ENTRADA e DEFINIÇÃO	LIBRAS		QR CODE

ILUSTRAÇÃO[49]			
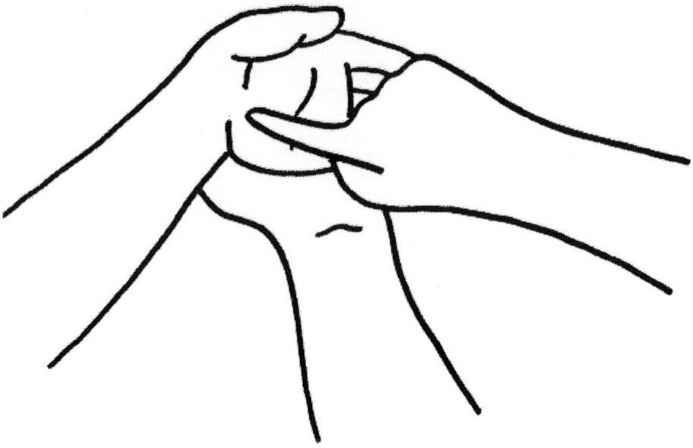			

[49] Imagem do livro *Prática de Interpretação Tátil e Comunicação Háptica para pessoas com Surdocegueira* (Araújo, 2019).

ORDEM	11	ENTRADA	FALA AMPLIADA
ENTRADA e DEFINIÇÃO		LIBRAS	QR CODE
ILUSTRAÇÃO[50]			

[50] Imagem do livro *Prática de Interpretação Tátil e Comunicação Háptica para pessoas com Surdocegueira* (Araújo, 2019).

<table>
<tr><td>ORDEM</td><td>12</td><td>ENTRADA</td><td>FEDERAÇÃO BRASILEIRA DAS ASSOCIAÇÕES DOS PROFISSIONAIS TRADUTORES E INTÉRPRETES E GUIA-INTÉRPRETES DE LÍNGUA DE SINAIS (Febrapils)</td></tr>
<tr><td rowspan="2">ENTRADA
e
DEFINIÇÃO</td><td colspan="2">LIBRAS</td><td>QR CODE</td></tr>
<tr><td colspan="2"></td><td></td></tr>
<tr><td colspan="4">ILUSTRAÇÃO[51]</td></tr>
<tr><td colspan="4">FEBRAPILS</td></tr>
</table>

[51] Disponível em: https://febrapils.org.br/. Acesso em: 1º maio 2021.

ORDEM	13	ENTRADA	FEDERAÇÃO NACIONAL DE EDUCAÇÃO E INTEGRAÇÃO DOS SURDOS (FENEIS)
ENTRADA e DEFINIÇÃO	LIBRAS		QR CODE
	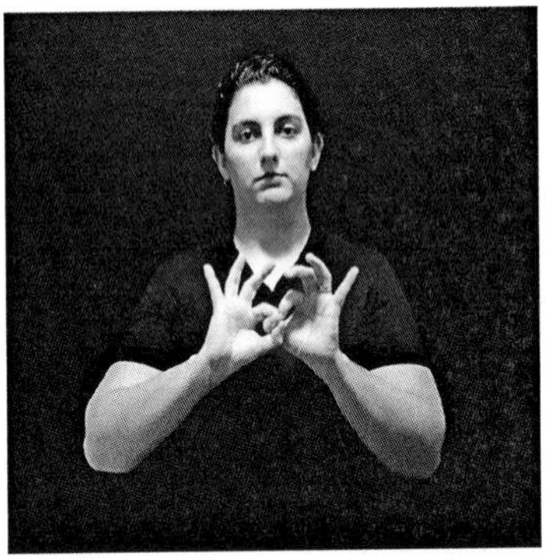		
ILUSTRAÇÃO[52]			
Feneis			

52 Disponível em: https://feneis.org.br/. Acesso em: 1º maio 2021.

<table>
<tr><td>ORDEM</td><td>14</td><td>ENTRADA</td><td>GRUPO BRASIL DE APOIO AO SURDOCEGO E AO MÚLTI-PLO DEFICIENTE SENSORIAL</td></tr>
<tr><td rowspan="2">ENTRADA
e
DEFINIÇÃO</td><td colspan="2">LIBRAS</td><td>QR CODE</td></tr>
<tr><td colspan="2"> </td><td></td></tr>
<tr><td colspan="4">ILUSTRAÇÃO[53]</td></tr>
<tr><td colspan="4">Grupo Brasil
de Apoio ao Surdocego e ao Múltiplo Deficiente Sensorial</td></tr>
</table>

[53] Disponível em: http://grupobrasilsurdocegueira.org/. Acesso em: 1º maio 2021.

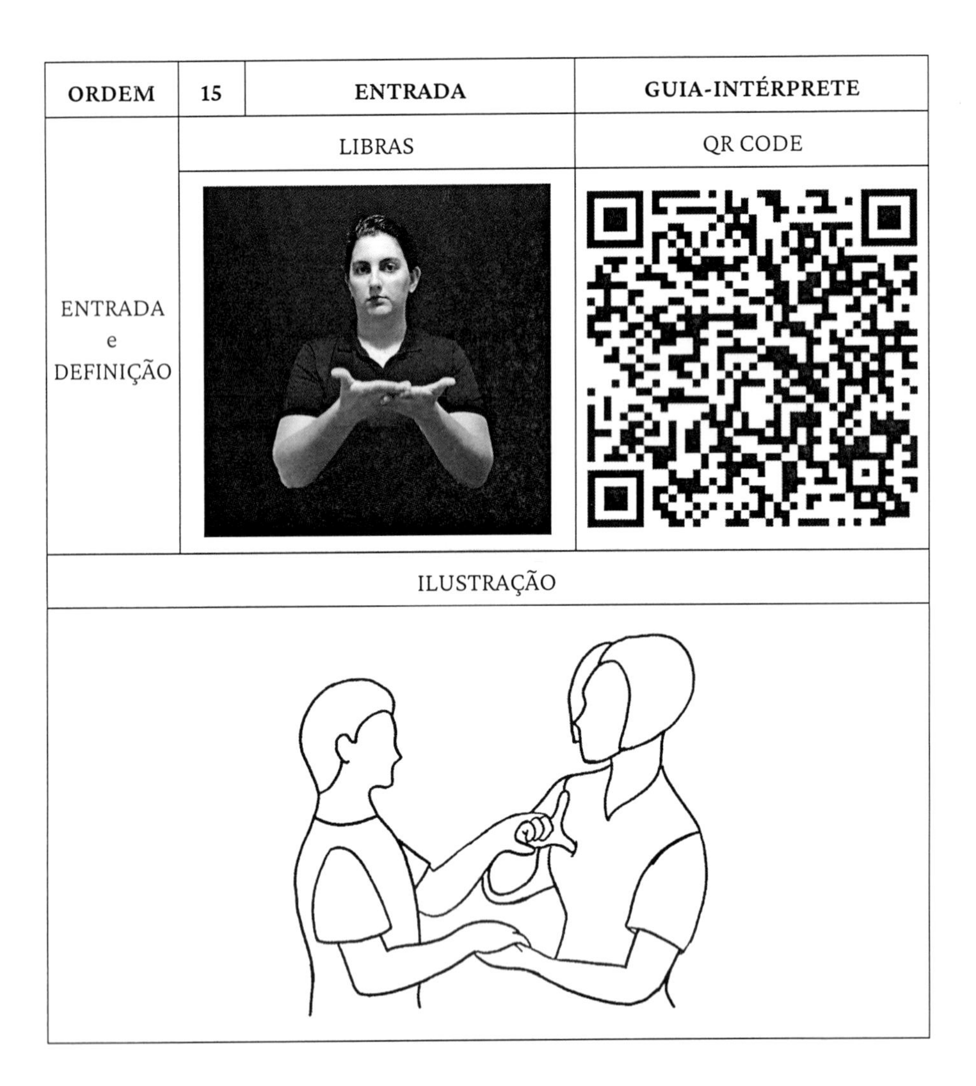

ORDEM	15	ENTRADA	GUIA-INTÉRPRETE
ENTRADA e DEFINIÇÃO		LIBRAS	QR CODE
ILUSTRAÇÃO			

ORDEM	16	ENTRADA	GUIA-INTÉRPRETE AMBIENTES COMUNITÁRIOS
ENTRADA e DEFINIÇÃO	LIBRAS		QR CODE
ILUSTRAÇÃO[54]			

[54] A pesquisadora não localizou uma imagem que possa ser uma referência do termo.

ORDEM	17	ENTRADA	GUIA-INTÉRPRETE ARTÍSTICO
ENTRADA e DEFINIÇÃO	LIBRAS		QR CODE
ILUSTRAÇÃO[55]			

[55] A pesquisadora não localizou uma imagem que possa ser uma referência do termo.

ORDEM	18	ENTRADA	GUIA-INTÉRPRETE CONFERÊNCIA
ENTRADA e DEFINIÇÃO	LIBRAS		QR CODE
ILUSTRAÇÃO[56]			

[56] A pesquisadora não localizou uma imagem que possa ser uma referência do termo.

ORDEM	19	ENTRADA	GUIA-TRADUTOR
ENTRADA e DEFINIÇÃO	LIBRAS		QR CODE
ILUSTRAÇÃO[57]			

[57] A pesquisadora não localizou uma imagem que possa ser uma referência do termo.

ORDEM	20	ENTRADA	GUIA-VIDENTE
ENTRADA e DEFINIÇÃO	LIBRAS		QR CODE
ILUSTRAÇÃO[58]			

[58] Imagem do livro *Prática de Interpretação Tátil e Comunicação Háptica para pessoas com Surdo*cegueira (Araújo, 2019).

ORDEM	21	ENTRADA	COMUNICAÇÃO SOCIAL HÁPTICA
ENTRADA e DEFINIÇÃO	LIBRAS		QR CODE

ILUSTRAÇÃO[59] 			

[59] Imagem do livro *Prática de Interpretação Tátil e Comunicação Háptica para pessoas com Surdocegueira* (Araújo, 2019).

ORDEM	22	ENTRADA	INSTRUTOR MEDIADOR
ENTRADA e DEFINIÇÃO	LIBRAS		QR CODE
ILUSTRAÇÃO[60]			

[60] Imagem do livro *Prática de Interpretação Tátil e Comunicação Háptica para pessoas com Surdocegueira* (Araújo, 2019).

ORDEM	23	ENTRADA	LIBRAS EM CAMPO REDUZIDO
ENTRADA e DEFINIÇÃO	LIBRAS		QR CODE

ILUSTRAÇÃO[61]			

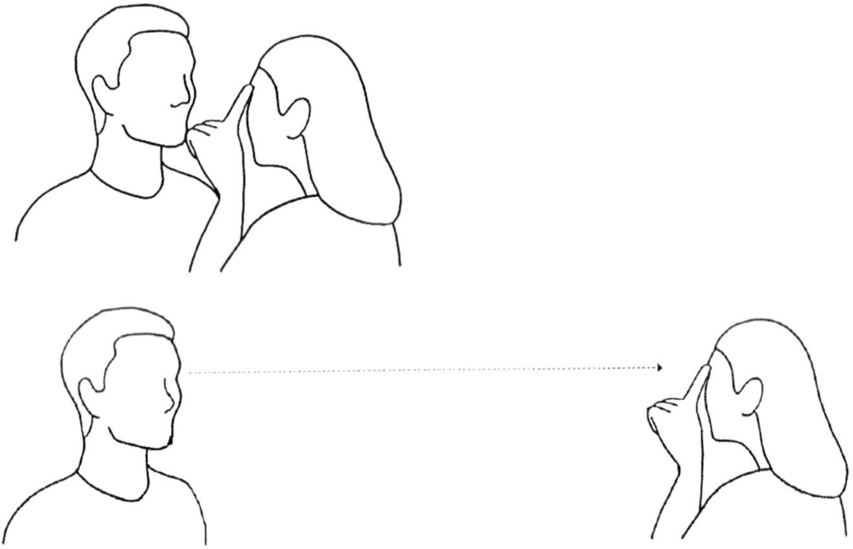

[61] Imagem do livro *Prática de Interpretação Tátil e Comunicação Háptica para pessoas com Surdocegueira* (Araújo, 2019).

<table>
<tr><th>ORDEM</th><th>24</th><th>ENTRADA</th><th>LIBRAS TÁTIL</th></tr>
<tr><td rowspan="2">ENTRADA
e
DEFINIÇÃO</td><td colspan="2">LIBRAS</td><td>QR CODE</td></tr>
<tr><td colspan="2"></td><td></td></tr>
<tr><td colspan="4">ILUSTRAÇÃO[62]</td></tr>
<tr><td colspan="4">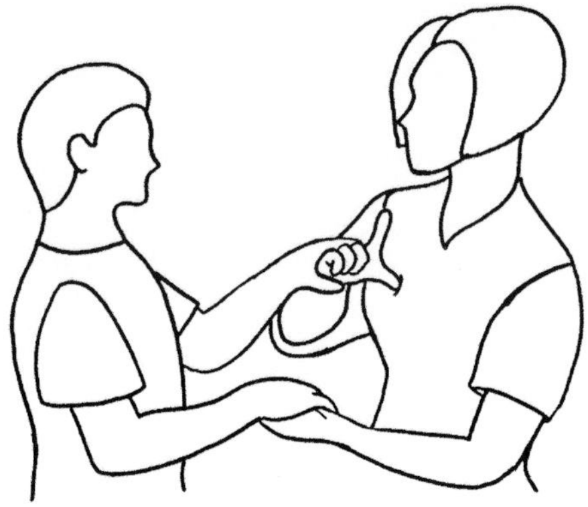</td></tr>
</table>

[62] Imagem do livro *Prática de Interpretação Tátil e Comunicação Háptica para pessoas com Surdo*cegueira (Araújo, 2019).

<table>
<tr><td>ORDEM</td><td>25</td><td>ENTRADA</td><td>SISTEMA MALOSSI</td></tr>
<tr><td rowspan="2">ENTRADA
e
DEFINIÇÃO</td><td colspan="2">LIBRAS</td><td>QR CODE</td></tr>
<tr><td colspan="2"></td><td></td></tr>
<tr><td colspan="4">ILUSTRAÇÃO[63]</td></tr>
<tr><td colspan="4">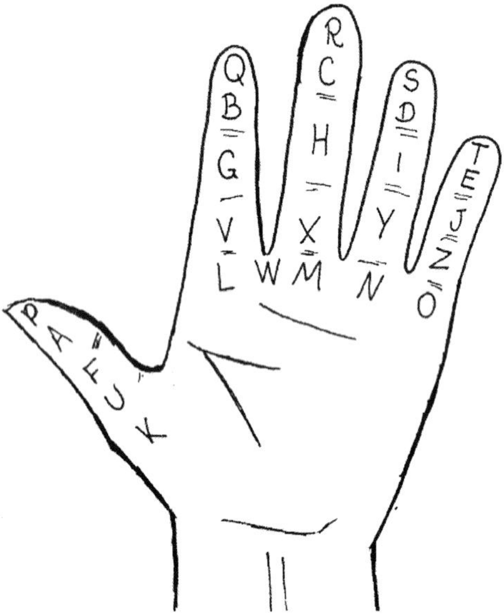
</td></tr>
</table>

[63] Imagem do livro *Prática de Interpretação Tátil e Comunicação Háptica para pessoas com Surdocegueira* (Araújo, 2019).

ORDEM	26	ENTRADA	ORIENTAÇÃO E MOBILIDADE
ENTRADA e DEFINIÇÃO	LIBRAS		QR CODE

ILUSTRAÇÃO[64]			
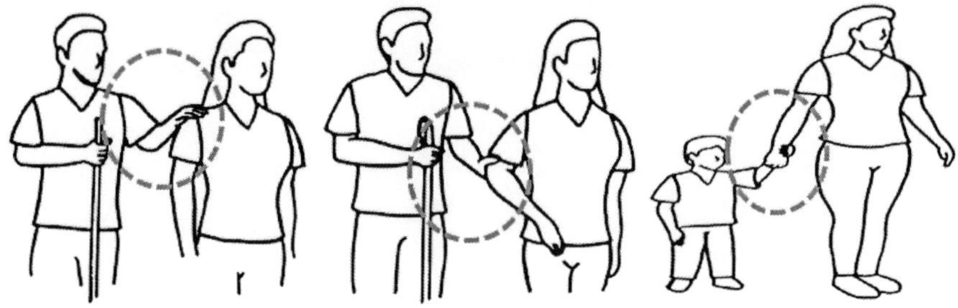			

[64] Imagem do livro *Prática de Interpretação Tátil e Comunicação Háptica para pessoas com Surdoce*gueira (Araújo, 2019).

<table>
<tr><th>ORDEM</th><th>27</th><th>ENTRADA</th><th>PLACA DE COMUNICAÇÃO</th></tr>
<tr><td rowspan="2">ENTRADA
e
DEFINIÇÃO</td><td colspan="2">LIBRAS</td><td>QR CODE</td></tr>
<tr><td colspan="2"></td><td></td></tr>
<tr><td colspan="4">ILUSTRAÇÃO[65]</td></tr>
<tr><td colspan="4"></td></tr>
</table>

[65] A pesquisadora não localizou uma imagem que possa ser uma referência do termo.

<table>
<tr><td>ORDEM</td><td>28</td><td>ENTRADA</td><td>PÓS-TÁTIL</td></tr>
<tr><td rowspan="2">ENTRADA
e
DEFINIÇÃO</td><td colspan="2">LIBRAS</td><td>QR CODE</td></tr>
<tr><td colspan="2"></td><td></td></tr>
<tr><td colspan="4">ILUSTRAÇÃO[66]</td></tr>
<tr><td colspan="4"></td></tr>
</table>

[66] A pesquisadora não localizou uma imagem que possa ser uma referência do termo.

ORDEM	29	ENTRADA	RETINOSE PIGMENTAR
ENTRADA e DEFINIÇÃO	LIBRAS		QR CODE

ILUSTRAÇÃO[67]			

[67] A pesquisadora não localizou uma imagem que possa ser uma referência do termo.

ORDEM	30	ENTRADA	SÍNDROME DE USHER
ENTRADA e DEFINIÇÃO	LIBRAS		QR CODE

ILUSTRAÇÃO[68]			

[68] Disponível em: https://www.sindromedeusherbrasil.com.br/. Acesso em: 1º maio 2021.

<table>
<tr><td>ORDEM</td><td>31</td><td>ENTRADA</td><td>SISTEMA BRAILLE
MANUAL TÁTIL</td></tr>
<tr><td rowspan="2">ENTRADA
e
DEFINIÇÃO</td><td colspan="2">LIBRAS</td><td>QR CODE</td></tr>
<tr><td colspan="2"> </td><td></td></tr>
<tr><td colspan="4">ILUSTRAÇÃO[69]</td></tr>
<tr><td colspan="4"> 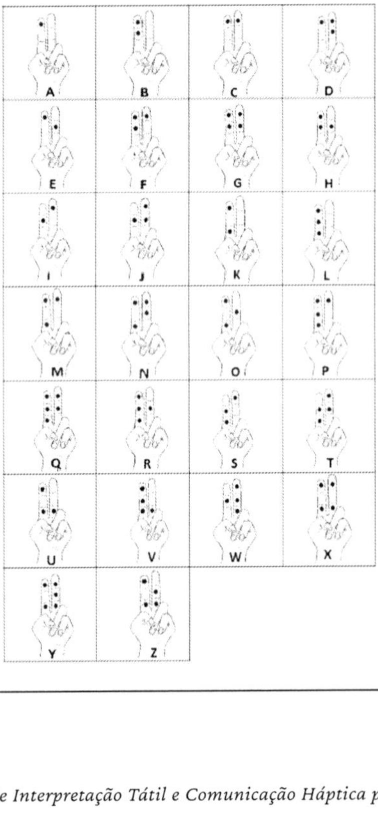A B C D
E F G H
I J K L
M N O P
Q R S T
U V W X
Y Z</td></tr>
</table>

[69] Imagem do livro *Prática de Interpretação Tátil e Comunicação Háptica para pessoas com Surdo*cegueira (Araújo, 2019).

ORDEM	32	ENTRADA	SURDOCEGO
ENTRADA e DEFINIÇÃO	LIBRAS		QR CODE

ILUSTRAÇÃO[70] [71]			

[70] Disponível em: https://scontent.fsdu11-1.fna.fbcdn.net/v/t1.6435-9/121828341_3559431957454722_8907769247527278663_n.jpg?_nc_cat=109&ccb=1-3&_nc_sid=730e14&_nc_ohc=oYnfd84LAtAAX-i-dYf&_nc_oc=AQlW2-UMYwDMcXzU1C9ab6HRlRz14DdnB3U-oUQHR2RQn4kbc4x0GV9Uffesd_Z07dc&_nc_ht=scontent.fsdu11-1.fna&oh=860f568b0ed059b7dccf2ee7b99bbfbe&oe=609BE0EF. Acesso em: 1º maio 2021.

[71] Disponível em: https://scontent.fsdu11-1.fna.fbcdn.net/v/t1.6435-9/36301759_1848216565235053_4027353518783332352_n.png?_nc_cat=106&ccb=1-3&_nc_sid=730e14&_nc_ohc=xu1qrSoKg6QAX9Gi8cZ&_nc_ht=scontent.fsdu11-1.fna&oh=b94524534bde6e6496283847ded9425c&oe=609D8A1F. Acesso em: 1º maio 2021.

ORDEM	33	ENTRADA	SURDOCEGO COM BAIXA VISÃO
ENTRADA e DEFINIÇÃO	LIBRAS		QR CODE

ILUSTRAÇÃO[72]			

[72] Disponível em: https://www.prefeitura.sp.gov.br/cidade/secretarias/upload/simbolo-de-baixa-visao.png. Acesso em: 1º maio 2021.

ORDEM	34	ENTRADA	SURDOCEGO ADQUIRIDO
ENTRADA e DEFINIÇÃO	LIBRAS		QR CODE

ILUSTRAÇÃO[73]			

[73] A pesquisadora não localizou uma imagem que possa ser uma referência do termo.

ORDEM	35	ENTRADA	SURDOCEGO CONGÊNITO
ENTRADA e DEFINIÇÃO	LIBRAS		QR CODE
ILUSTRAÇÃO[74]			

[74] A pesquisadora não localizou uma imagem que possa ser uma referência do termo.

<table>
<tr><th>ORDEM</th><th>36</th><th>ENTRADA</th><th>TADOMA</th></tr>
<tr><td rowspan="2">ENTRADA
e
DEFINIÇÃO</td><td colspan="2">LIBRAS</td><td>QR CODE</td></tr>
<tr><td colspan="2"></td><td></td></tr>
<tr><td colspan="4">ILUSTRAÇÃO[75]</td></tr>
<tr><td colspan="4"></td></tr>
</table>

[75] Imagem do livro *Prática de Interpretação Tátil e Comunicação Háptica para pessoas com Surdoce*gueira (Araújo, 2019).

ORDEM	37	ENTRADA	TECNOLOGIA ASSISTIVA
ENTRADA e DEFINIÇÃO	LIBRAS		QR CODE
ILUSTRAÇÃO[76]			

Com as Fichas Terminológicas concluídas, passamos para o próximo passo que apresentaremos no capítulo seguinte: a proposta de glossário monolíngue para a formação de Guias-Intérpretes Surdos.

[76] Disponível em: https://www.assespropr.org.br/wp-content/uploads/2019/11/Assistivas.jpg. Acesso em: 1º maio 2021.

CAPÍTULO 4

PROPOSTA DE GLOSSÁRIO MONOLÍNGUE PARA FORMAÇÃO DE GUIAS-INTÉRPRETES SURDOS

Neste capítulo, apresentaremos a proposta do glossário, a partir da organização e do registro das Fichas Terminológicas em Libras. Para tanto, descrevemos a macroestrutura e microestrutura do glossário monolíngue de sinais-termo, que possibilitam a demonstração dos verbetes em Libras. Traremos a ideia de inovação para glossário monolíngue pelo uso do QR Code, como instrumento e interação do Surdo ao meio acadêmico. Por fim, em meio digital, apresentamos o Glossário monolíngue de sinais-termo da área da guia-interpretação: uma proposta para a formação do Guia-Intérprete Surdo.

4.1 APRESENTAÇÃO DA MACROESTRUTURA DO GLOSSÁRIO MONOLÍNGUE DE SINAIS-TERMO

A macroestrutura do Glossário monolíngue de sinais-termo da área da guia-interpretação traz as informações gerais da obra. Segundo Faulstich (1998, p. 3), "A macroestrutura é também chamada de paralexicografia, porque compõe o aparato de ordenação do texto". A ordenação do glossário com as informações da macroestrutura é apresentada para o consulente por meio de lâminas do programa Microsoft PowerPoint (PPT).

Figura 16 – Lâmina com Apresentação do Glossário em Libras

Logo

GLOSSÁRIO LIBRAS

GLOSSÁRIO MONOLINGUE DE SINAIS-TERMO DE ÁREA DE GUIA-INTÉRPRETE

Título em LP

Título em LSB

Fonte: Makhoul (2021)

Na primeira lâmina, aparecem em Língua de Sinais e em Língua Portuguesa o título do glossário e a logo, adotada pela própria pesquisadora, desenvolvida pelo arquiteto e comunicador Ademar Júnior. Destacamos que a logo representa os Glossários de Sinais-Termo desenvolvidos no laboratório de LSB da Universidade de Brasília. Portanto o nosso glossário é um novo material no banco de dados da UnB.

Explicando como é o logotipo:

Figura 17 – Apresentação do logo

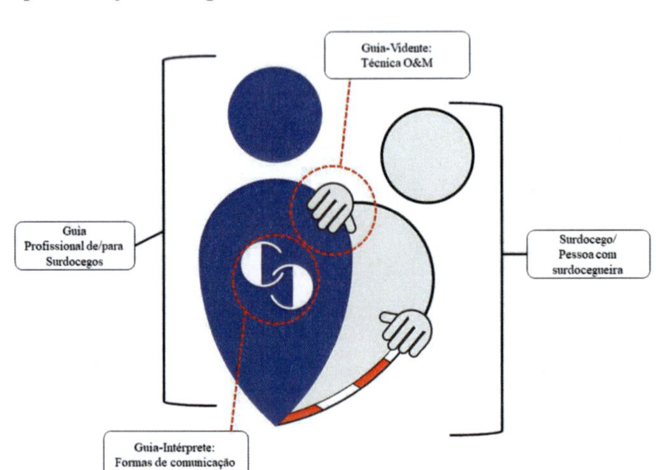

Fonte: Makhoul (2021)

Descrição de logotipo no Quadro 11.

Quadro 11 – Características do logotipo

Desenho	Descrição
	Formato de pessoa, designando GUIA-PROFISSIONAL (contemplando guia-intérprete, guia-vidente, guia-tradutor e instrutor-mediador), tendo em vista as suas várias formas de comunicação e tecnologias assistivas. O sinal COMUNICAÇÃO está escrito em *signwriting*.
	Formato de pessoa, designando indivíduo com Surdocegueira ou Pessoa Surdocega, geralmente identificada pelo símbolo da sua condição única: bengala com listras vermelha e branca.
	Ligação entre Guia-Profissional e pessoa Surdocega remonta ao guia-vidente, com técnica de Orientação e Mobilidade, identificada pelo contato no ombro do guia, que fica em frente.

Fonte: Makhoul (2021)

A Figura 18 apresenta informações sobre a estrutura de elaboração e uso do Glossário.

Figura 18 – Apresentação da Macroestrutura do Glossário

Fonte: Makhoul (2021)

A primeira informação é o objetivo, que consiste em disponibilizar um glossário monolíngue de sinais-termo e termos da área da guia-interpretação. A segunda informação é o público-alvo, apresentando que são Guias-Intérpretes Surdos prioritariamente, podendo atender a demais profissionais que atuem com as pessoas Surdocegas e/ou na área de Surdoceguera, e demais interessados.

A terceira informação indica como usar o glossário. O sistema tem a única forma em língua portuguesa, por ordem alfabética. Também é disponibilizado na forma de palavra-chave, tipo *hashtag* (#), no sistema de busca dos navegadores.

4.2 MICROESTRUTURA

O que é glossário monolíngue? São "Obras monolíngues apresentam os termos e seus conceitos/definições em apenas uma língua" (Martins, 2018, p. 153). Cabe destacar a sua importância para a compreensão pelos Surdos que desejem trilhar no mercado da área de Surdocegueira.

Por fim, apresentamos a seguir a proposta do glossário que foi a origem da organização desta pesquisa.

Figura 19 – Proposta de glossário monolíngue: formação guia-intérprete surdo

GLOSSÁRIO MONOLÍNGUE DE SINAIS-TERMO DE ÁREA DE GUIA-INTÉRPRETE
ASSOCIAÇÃO EDUCACIONAL PARA MÚLTIPLA DEFICIÊNCIA (AHIMSA)
AHIMSA
Associação Educacional para Múltipla Deficiência
Ivonne Azevedo Makhoul

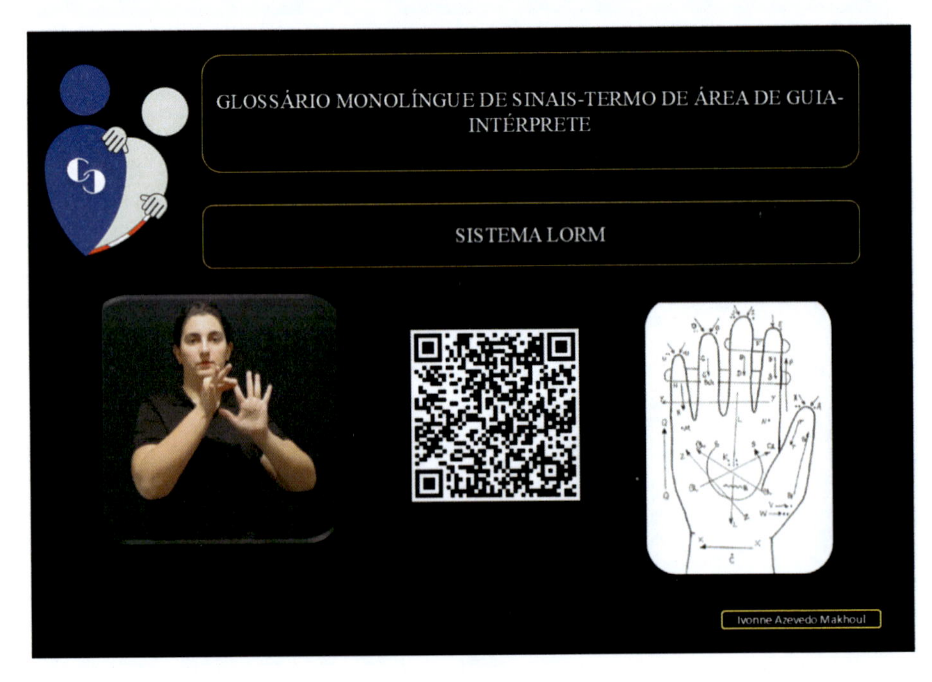
GLOSSÁRIO MONOLÍNGUE DE SINAIS-TERMO DE ÁREA DE GUIA-INTÉRPRETE
SISTEMA LORM
Ivonne Azevedo Makhoul

GLOSSÁRIO MONOLÍNGUE DE SINAIS-TERMO DE ÁREA DE GUIA-INTÉRPRETE
ALFABETO MANUAL COM DUAS MÃOS
Ivonne Azevedo Makhoul

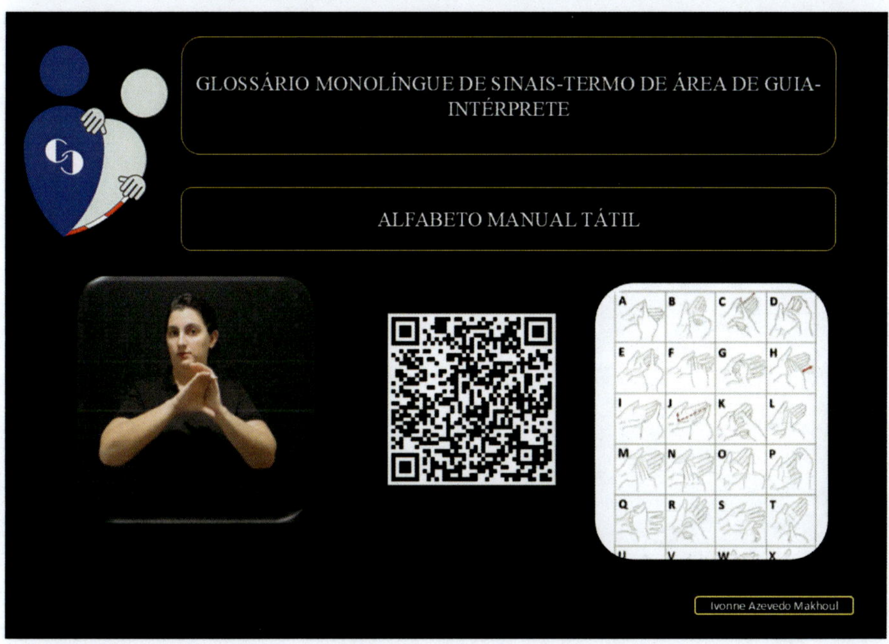
GLOSSÁRIO MONOLÍNGUE DE SINAIS-TERMO DE ÁREA DE GUIA-INTÉRPRETE
ALFABETO MANUAL TÁTIL
Ivonne Azevedo Makhoul

GLOSSÁRIO MONOLÍNGUE DE SINAIS-TERMO DE ÁREA DE GUIA-INTÉRPRETE
BRAILISTA
Ivonne Azevedo Makhoul

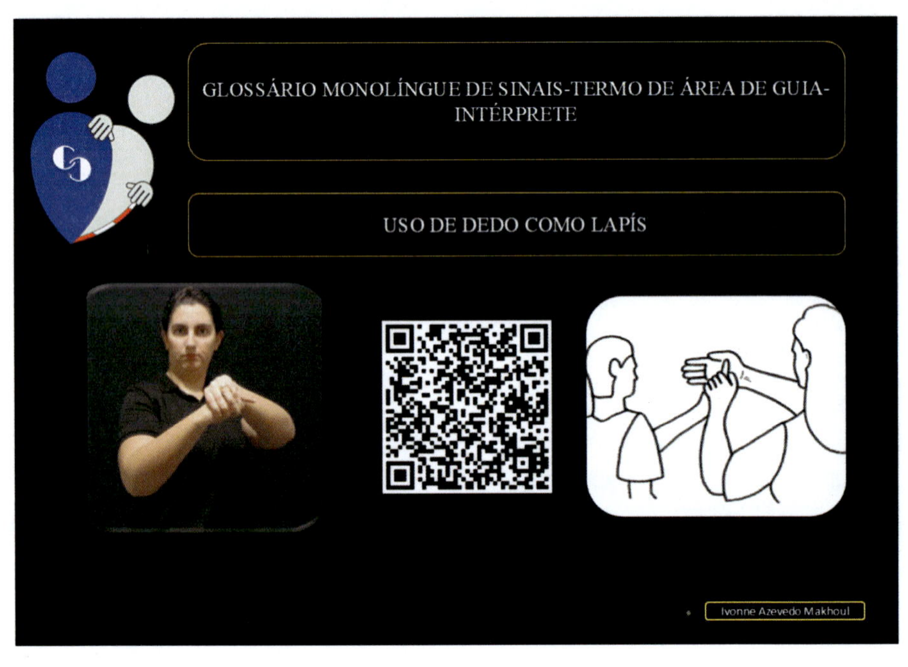
GLOSSÁRIO MONOLÍNGUE DE SINAIS-TERMO DE ÁREA DE GUIA-INTÉRPRETE
USO DE DEDO COMO LAPÍS
Ivonne Azevedo Makhoul

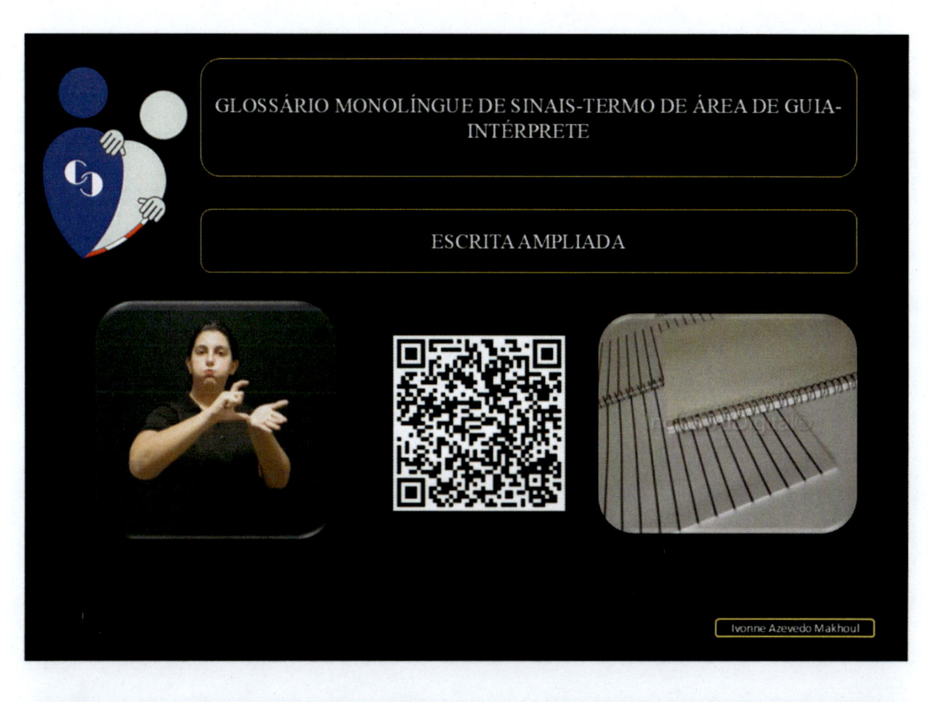
GLOSSÁRIO MONOLÍNGUE DE SINAIS-TERMO DE ÁREA DE GUIA-INTÉRPRETE
ESCRITA AMPLIADA
Ivonne Azevedo Makhoul

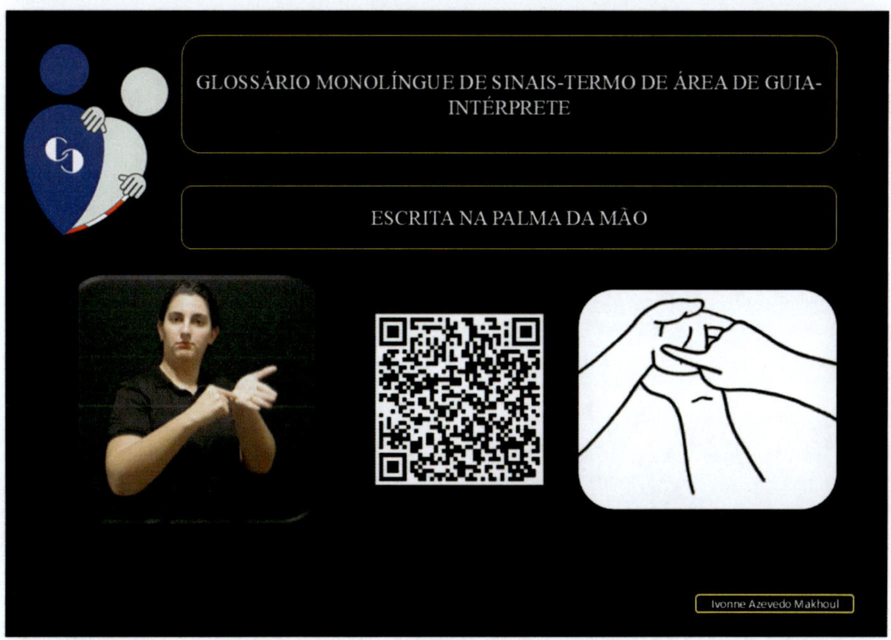
GLOSSÁRIO MONOLÍNGUE DE SINAIS-TERMO DE ÁREA DE GUIA-INTÉRPRETE
ESCRITA NA PALMA DA MÃO
Ivonne Azevedo Makhoul

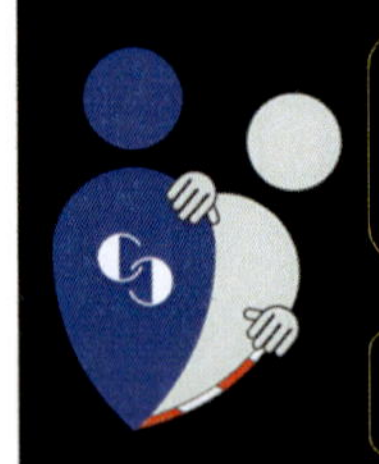

GLOSSÁRIO MONOLÍNGUE DE SINAIS-TERMO DE ÁREA DE GUIA-INTÉRPRETE

FALA AMPLIADA

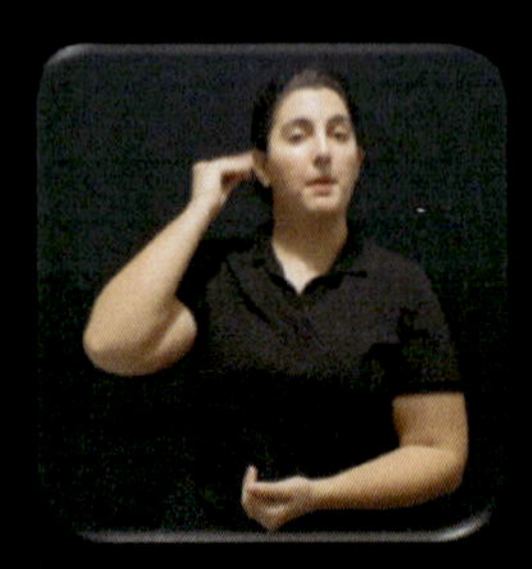

Ivonne Azevedo Makhoul

GLOSSÁRIO MONOLÍNGUE DE SINAIS-TERMO DE ÁREA DE GUIA-INTÉRPRETE

FEDERAÇÃO BRASILEIRA DAS ASSOCIAÇÕES DOS PROFISSIONAIS TRADUTORES E INTÉRPRETES E GUIA-INTÉRPRETES DE LÍNGUA DE SINAIS (FEBRAPILS)

Ivonne Azevedo Makhoul

GLOSSÁRIO MONOLÍNGUE DE SINAIS-TERMO DE ÁREA DE GUIA-INTÉRPRETE
FEDERAÇÃO NACIONAL DE EDUCAÇÃO E INTEGRAÇÃO DOS SURDOS (FENEIS)
Feneis
Ivonne Azevedo Makhoul

GLOSSÁRIO MONOLÍNGUE DE SINAIS-TERMO DE ÁREA DE GUIA-INTÉRPRETE
GRUPO BRASIL DE APOIO AO SURDOCEGO E AO MÚLTIPLO DEFICIENTE SENSORIAL
Grupo Brasil
DE APOIO AO SURDOCEGO E AO MÚLTIPLO DEFICIENTE SENSORIAL
Ivonne Azevedo Makhoul

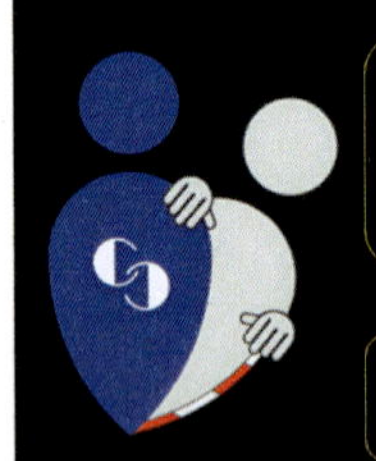

GLOSSÁRIO MONOLÍNGUE DE SINAIS-TERMO DE ÁREA DE GUIA-INTÉRPRETE

GUIA-INTÉRPRETE

Ivonne Azevedo Makhoul

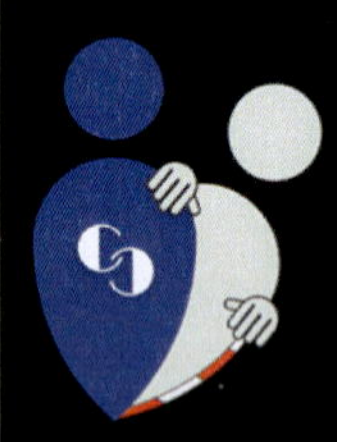

GLOSSÁRIO MONOLÍNGUE DE SINAIS-TERMO DE ÁREA DE GUIA-INTÉRPRETE

GUIA-INTÉRPRETE AMBIENTES COMUNITÁRIOS

Ivonne Azevedo Makhoul

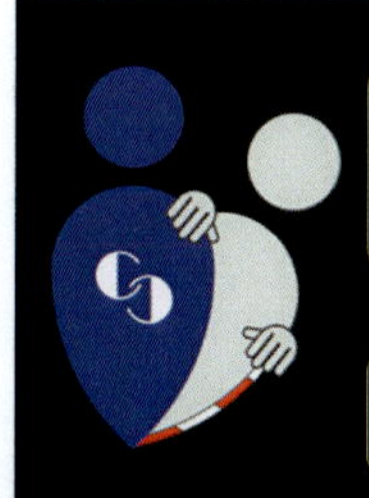

GLOSSÁRIO MONOLÍNGUE DE SINAIS-TERMO DE ÁREA DE GUIA-INTÉRPRETE

GUIA-INTÉRPRETE ARTÍSTICO

Ivonne Azevedo Makhoul

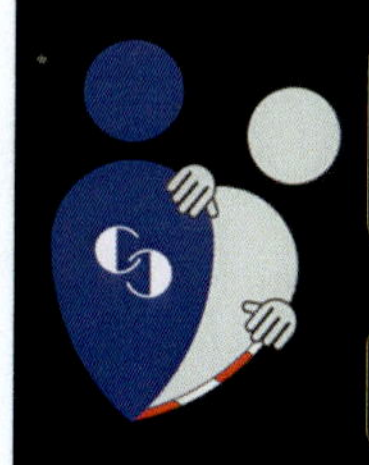

GLOSSÁRIO MONOLÍNGUE DE SINAIS-TERMO DE ÁREA DE GUIA-INTÉRPRETE

GUIA-INTÉRPRETE CONFERÊNCIA

Ivonne Azevedo Makhoul

GLOSSÁRIO MONOLÍNGUE DE SINAIS-TERMO DE ÁREA DE GUIA-INTÉRPRETE
GUIA-TRADUTOR
Ivonne Azevedo Makhoul

GLOSSÁRIO MONOLÍNGUE DE SINAIS-TERMO DE ÁREA DE GUIA-INTÉRPRETE
GUIA-VIDENTE
Ivonne Azevedo Makhoul

GLOSSÁRIO MONOLÍNGUE DE SINAIS-TERMO DE ÁREA DE GUIA-INTÉRPRETE
COMUNICAÇÃO SOCIAL HÁPTICA
Ivonne Azevedo Makhoul

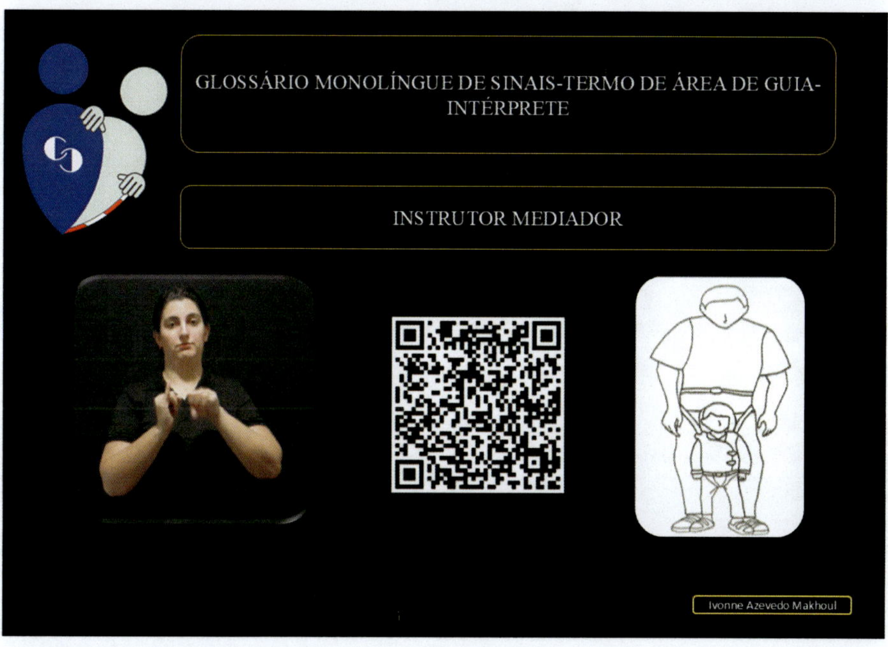
GLOSSÁRIO MONOLÍNGUE DE SINAIS-TERMO DE ÁREA DE GUIA-INTÉRPRETE
INSTRUTOR MEDIADOR
Ivonne Azevedo Makhoul

GLOSSÁRIO MONOLÍNGUE DE SINAIS-TERMO DE ÁREA DE GUIA-INTÉRPRETE
LIBRAS EM CAMPO REDUZIDO
Ivonne Azevedo Makhoul

GLOSSÁRIO MONOLÍNGUE DE SINAIS-TERMO DE ÁREA DE GUIA-INTÉRPRETE
LIBRAS TÁTIL
Ivonne Azevedo Makhoul

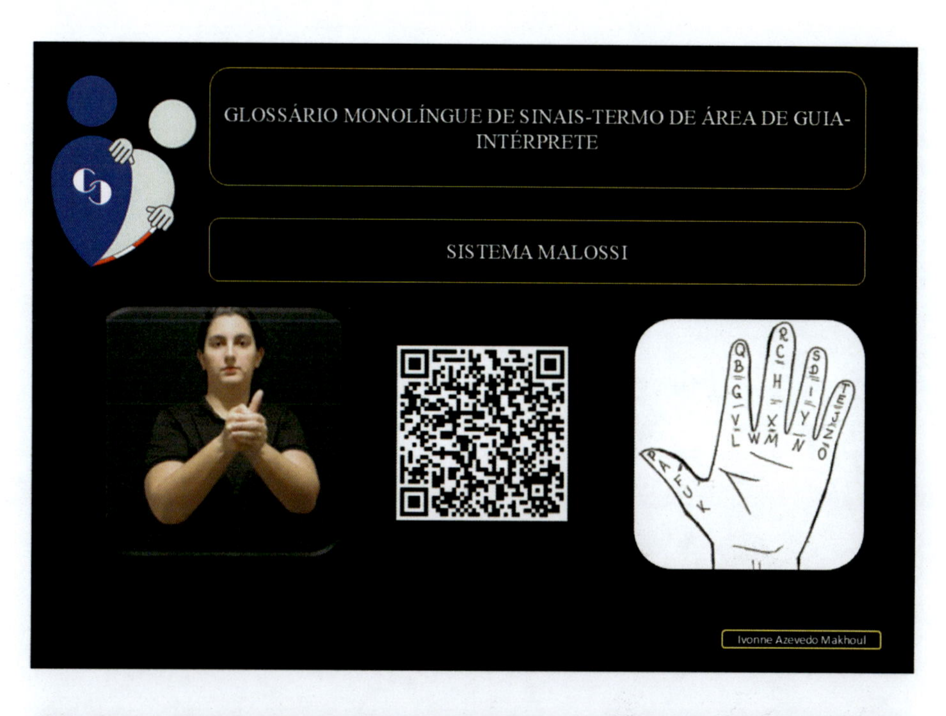
GLOSSÁRIO MONOLÍNGUE DE SINAIS-TERMO DE ÁREA DE GUIA-INTÉRPRETE
SISTEMA MALOSSI
Ivonne Azevedo Makhoul

GLOSSÁRIO MONOLÍNGUE DE SINAIS-TERMO DE ÁREA DE GUIA-INTÉRPRETE
ORIENTAÇÃO E MOBILIDADE
Ivonne Azevedo Makhoul

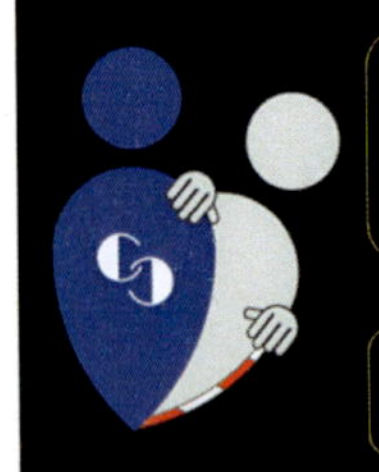

GLOSSÁRIO MONOLÍNGUE DE SINAIS-TERMO DE ÁREA DE GUIA-INTÉRPRETE

PLACA DE COMUNICAÇÃO

Ivonne Azevedo Makhoul

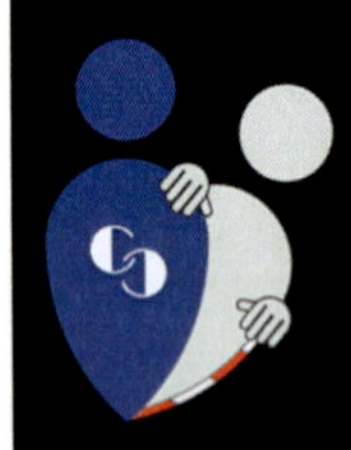

GLOSSÁRIO MONOLÍNGUE DE SINAIS-TERMO DE ÁREA DE GUIA-INTÉRPRETE

PRÓ-TÁTIL

Ivonne Azevedo Makhoul

GLOSSÁRIO MONOLÍNGUE DE SINAIS-TERMO DE ÁREA DE GUIA-INTÉRPRETE
RETINOSE PIGMENTAR
Ivonne Azevedo Makhoul

GLOSSÁRIO MONOLÍNGUE DE SINAIS-TERMO DE ÁREA DE GUIA-INTÉRPRETE
SÍNDROME DE USHER
SÍNDROME DE USHER
Brasil
Ivonne Azevedo Makhoul

GLOSSÁRIO MONOLÍNGUE DE SINAIS-TERMO DE ÁREA DE GUIA-INTÉRPRETE
SISTEMA BRAILLE MANUAL TÁTIL
I J K L
M N O P
Ivonne Azevedo Makhoul

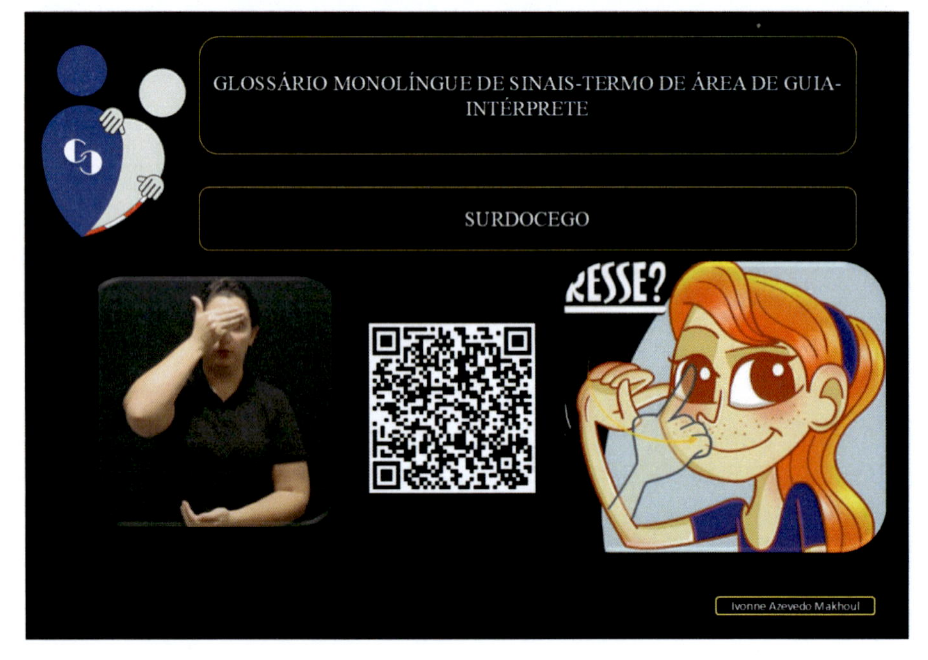
GLOSSÁRIO MONOLÍNGUE DE SINAIS-TERMO DE ÁREA DE GUIA-INTÉRPRETE
SURDOCEGO
Ivonne Azevedo Makhoul

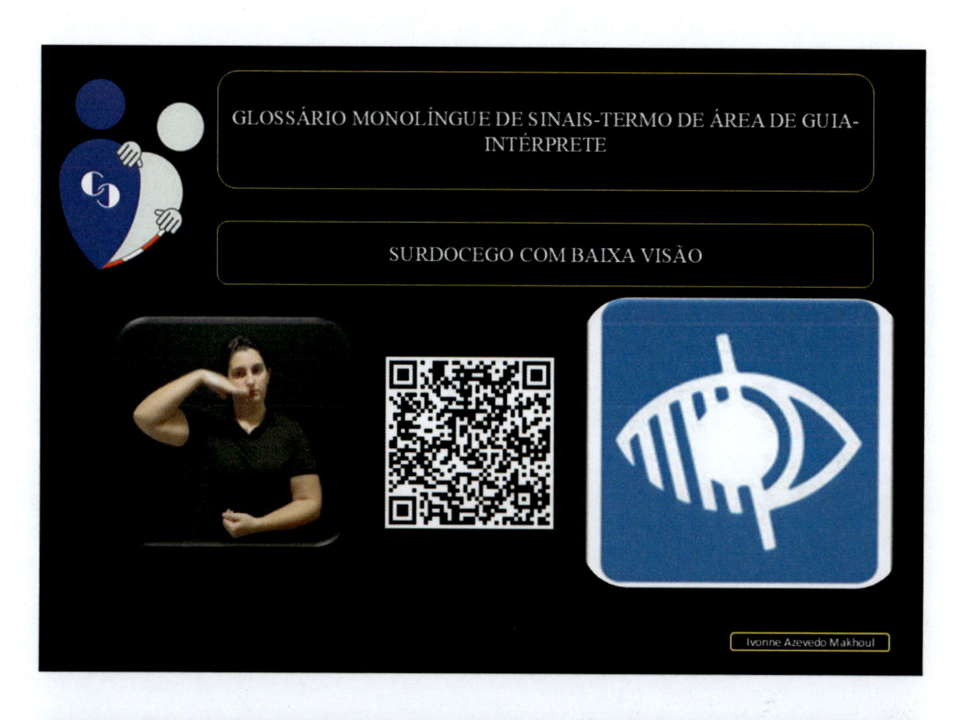
GLOSSÁRIO MONOLÍNGUE DE SINAIS-TERMO DE ÁREA DE GUIA-INTÉRPRETE
SURDOCEGO COM BAIXA VISÃO
Ivonne Azevedo Makhoul

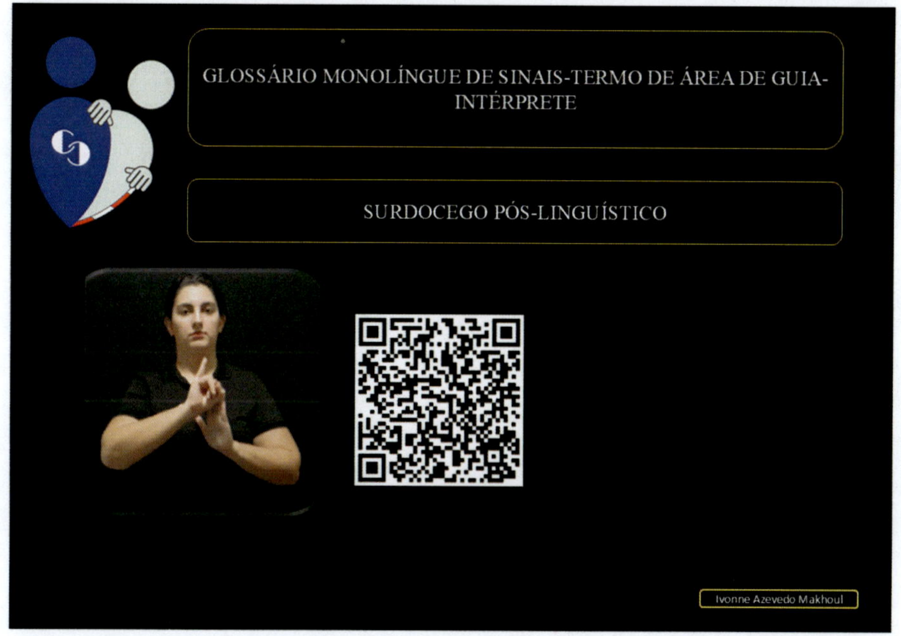
GLOSSÁRIO MONOLÍNGUE DE SINAIS-TERMO DE ÁREA DE GUIA-INTÉRPRETE
SURDOCEGO PÓS-LINGUÍSTICO
Ivonne Azevedo Makhoul

GLOSSÁRIO MONOLÍNGUE DE SINAIS-TERMO DE ÁREA DE GUIA-INTÉRPRETE
SURDOCEGO PRÉ-LINGUÍSTICO
Ivonne Azevedo Makhoul

GLOSSÁRIO MONOLÍNGUE DE SINAIS-TERMO DE ÁREA DE GUIA-INTÉRPRETE
TADOMA
Ivonne Azevedo Makhoul

Fonte: Makhoul (2021)

A apresentação do glossário visa constituir um material informativo e pedagógico de formação de GI e também para conhecimento do Surdocego. Para tanto, além do trabalho feito com base no convívio com a comunidade, foi preciso também identificar e registrar as regras utilizadas para tornar possível o glossário. Como podem perceber, o fundo da imagem e dos vídeos diferenciam-se do padrão "azul" e "verde" comumente utilizados em vídeos que envolvem Língua de Sinais.

Neste trabalho, além do glossário, apresentamos também a importância do uso do fundo negro, como forma de acesso aos Surdocegos. Para deixar mais claro e didático, organizamos dois quadros com as regras que consideramos básicas e, ao mesmo tempo, primordiais para a realização de gravações de mídias audiovisuais com acessibilidade para Surdocegos.

Essa ideia também foi considerada de forma inicial por Silva (2019, p. 71), que destaca a necessidade de registro em Libras videossinalizada, "O texto em Libras videossinalizada refere-se ao uso da Libras gravada em vídeo sendo que o sinalizante estabelece uma relação com a câmera, com ou sem emprego de recursos multimodais".

Tendo por base essa escrita, se faz necessário pensar quais seriam as regras no campo das gravações para tornar o material acessível para Surdocegos. Pensando nisso, esboçamos duas regras que consideramos ideais e que podem ser percebidas em *lives* em que estão presentes Surdocegos como palestrantes ou participantes. A seguir, duas regras que consideramos ser de grande importância.

Quadro 12 – Regras de gravação

Regra um: Bilingue
• É obrigatório o uso de Libras escrita com CAIXA-ALTA. Recomendações: ○ Falar devagar em Libras. ○ Soletrar datilologia devagar e com posição certa. ○ Legendar com CAIXA-ALTA após vídeo, cuja cor deve contrastar com o fundo. ○ Escrever com CAIXA-ALTA no máximo três linhas.
Regra dois: Iluminação e Vestuário
• Os vídeos devem ser gravados em ambiente com bastante iluminação, preferencialmente na frente de uma janela ou próximo a uma luz bastante clara com fundo PRETO, AZUL-MARINHO ou AZUL ESCURO. • Para facilitar a visualização da Libras: ○ pessoas de PELE CLARA: devem vestir camisetas de cor preta ou azul-marinho ou outra cor escura; e ○ pessoas de PELE ESCURA: devem vestir camisetas de cor branca ou cinza clara ou bege. ○ Os vídeos devem ser capturados sempre na horizontal e nunca na vertical.

Fonte: Makhoul (2021)

Como informação complementar, ainda há regras de como fazer gravação para grupos de Surdocegos existentes no WhatsApp e outras redes sociais, conforme cartaz a seguir.

Figura 20 – Orientações de uso do celular para comunicação em grupos nas redes sociais

Fonte: Grupo de Feneis da área de Surdocegueira no WhatsApp

Após a apresentação das regras e do glossário, consideramos que a parte de percurso metodológico, análise dos dados e apresentação do glossário monolíngue para Guias-Intérpretes Surdos foram alcançados. A seguir, estão nossas Considerações Finais.

CONSIDERAÇÕES FINAIS

Para concluir a proposta deste trabalho, lembramos as questões levantadas na introdução: há formação de Guias-Intérpretes no âmbito acadêmico no Brasil? Quais materiais de apoio para formação do guia e o que os livros e cursos oferecem? Quais os termos e quais processos de tradução e interpretação o GI utiliza no âmbito da guia-interpretação? Existem materiais em Libras, ou na forma de DVD, ou em redes sociais, ou apostilas escritas em sinais para compartilhar com Surdos que desejem, no futuro, atuar como GI? Como se dá o encaminhamento de interessados Surdos para os cursos de formação? Como motivá-los? Como disponibilizar o glossário aos profissionais Surdos, para oferecer informação e formação para GI na comunicação com Surdocegos?

Observamos que há formação como curso livre no âmbito de entidade sem fim lucrativo, carecendo maior formalização junto às instituições de ensino, seja técnico ou superior. Ressaltamos que o público-alvo é ouvinte, marginalizando os interessados Surdos que desejem atuar como profissional na área de Surdocegueira. O material didático é escasso, não sendo disponibilizado publicamente. Os termos são encontrados frequentemente na língua portuguesa, nos livros, nas apostilas, porém pecam na transmissão em Libras. O processo tradutório para Libras é mais destacado no livro de Araújo (2019). Há gritante necessidade de aprofundamento nas estratégias comunicativas em Libras para Surdocegos pós-linguísticos e/ou adquiridos. Para adequado encaminhamento de interessados Surdos para os cursos de formação como profissional na área de Surdocegueira, seria interessante uma parceria entre uma entidade representativa da comunidade Surda com uma instituição de ensino, preferencialmente técnica ou superior. Visando dar mais publicidade do conhecimento específico ao profissional na área de Surdocegueira, a pretensão deste trabalho é disponibilizar publicamente o glossário por meio de YouTube e das redes sociais.

Os pontos levantados no Capítulo 1 são: qual é o espaço dessa formação? Seria um curso técnico, tecnólogo ou de graduação? Seria apenas uma especialização? Também precisamos pensar em quem ministra esses cursos? Qual é a formação de um professor que irá atuar no ensino de futuros Guias-Intérpretes sejam Surdos ou não Surdos? E para deixar mais claro o tamanho da lacuna, podemos pensar em que material didático, que publicações e que pesquisas têm foco na atuação do GI? Até o momento, livros e artigos focam no Surdocego, que também consideramos de grande importância, mas não é a formação que o GI deve ter. Assim, fica evidente que há ainda um campo de estudo amplo a ser aprofundado. Esta pesquisa pretende contribuir para ser um apoio inicial para novas pesquisas.

As questões suscitadas no Capítulo 2 são: seria uma construção de tradução do modo visuoespacial para o háptico? Ou seria uma nova construção, um novo signo linguístico, um novo pensamento de tradução e interpretação que o Guia-Intérprete, no caso desta pesquisa Surdo, deve possuir? Como este trabalho não finda futuras pesquisas, cumpre esclarecer que essa construção é peculiar, por ser nova modalidade intralingual de transmissão em que o profissional, enquanto intermediário, deve realçar o sentido de visão para minimizar a incompletude das informações para o indivíduo Surdocego. A pretensão desta autora é dar continuidade à pesquisa em que possa explicitar os conteúdos adequados para cada profissional da área de Surdocegueira aos interessados Surdos que queiram trabalhar e atuar com Surdocegos, dando-lhes mais opções no mercado de trabalho. Primamos pela facilitação de transmissão de conhecimento para melhor suporte ao Guia-Intérprete Surdo, sem desconsiderar demais profissionais atuantes na área de Surdocegueira, e melhor atendimento à comunidade Surdocega. Portanto, havendo discordância, naturalmente considerando a diversidade, que seja resolvida de forma pacífica.

Mediante a diversidade de definições para os sinais-termo durante a metodologia adotada, mesmo após a validação dos mesmos, cabe expor a falta de unicidade devido ao sistema fechado das entidades que ministram os cursos, além de serem dirigidos somente pelos e para ouvintes. Mesmo tendo discentes surdos, ainda há a sensação de restrição de transmissão de conhecimento, seja da área ou de social.

Apesar de toda a pesquisa, conceitos claros, que estão presentes no dia a dia da atuação do GI, continuam sem uma marca de construção conceitual que possa ser ensinada como forma comum. É o caso do termo guia-vidente. Seu uso, sua postura, sua atuação não são registradas em nenhum campo. Esse profissional não está apenas nos estudos da tradução, não está somente na educação e não está na linguística. Onde formar esse profissional? Qual é o seu real papel? São perguntas que tentamos, mas não encontramos em que local essa formação pode ser feita.

Outro grande questionamento é sobre a formação acadêmica do Guia-Intérprete. Onde esse profissional poderá receber o conhecimento necessário para a sua atuação? Qual currículo deve ser desenhado de forma distinta de um Tradutor Intérprete de Língua de Sinais (TILS)? Vejamos o exemplo do conhecimento para atuar com a Fala Ampliada e o Tadoma. Seria uma disciplina única a ser ensinada? Em que espaço esse conteúdo deve ser registrado? Seria na tradução, na interpretação, na educação ou em um campo específico? Como o profissional que se constitui nos Estudos da Tradução tem contato com o Braille Tátil e com a Escrita Ampliada? Seriam os docentes, que atuam com o ensino de Libras nos espaços acadêmicos, a dominarem esses conceitos e metodologias de ensino da Libras Tátil, Libras em campo reduzido ou alfabeto datilológico tátil?

Confesso que saio deste trabalho ainda com todas essas dúvidas e questionamentos que já me levam a uma necessidade contínua de seguir para um outro trabalho, no doutorado. No entanto, há o pensamento de onde estudar esses campos e essas teorias. Será que no doutorado acharemos um novo campo da Guia-Interpretação a emergir dos Estudos da Tradução e Interpretação das Línguas de Sinais?

Dessa forma, a partir do tema de glossário monolíngue, aspirando à contínua pesquisa na forma da tese de doutorado, sem findar o assunto, o posicionamento da autora como Guia-Intérprete Surda é que este livro seja referência no âmbito dos Estudos da Tradução e dos Estudos da Interpretação, visando à unidade da comunicação entre os Surdocegos e diversos agentes da área de Surdocegueira, considerando o tamanho do Brasil e suas inúmeras variações linguísticas.

Concluindo, com essa ferramenta de glossário monolíngue, sempre em constante dinâmica, propõe-se a discriminação de Guia-Profissional para/de/com Surdocegos (guia-intérprete, guia-vidente, instrutor-mediador e guia-tradutor), contrastando esses agentes Surdos na área de Surdocegueira, visando facilitar a compreensão de suas funções/responsabilidades assim como a sua adequada formação, para melhor atendimento à clientela Surdocega. Propicia, assim, a ampliação do mercado de trabalho para nossos iguais Surdos-Surdos.

REFERÊNCIAS

ALBRES, N. de A.; SANTIAGO, V. de A. A. (org.). **Libras em estudo: tradução/ interpretação**. São Paulo: Feneis, 2012. (Série Pesquisas).

ALMEIDA, C. A. F. **A comunicação entre membros de uma comunidade de surdos e surdocegos de Prata (MG)**. 2004. Dissertação (Mestrado em Linguística) – Universidade de Brasília, Brasília, 2004.

ANDRADE, B. L. L'A. de. **Estudo terminológico em língua de sinais**: Glossário multilíngue de sinais -termo na área de nutrição e alimentação. 2019. 373 p. Tese (Doutorado em Estudos de Tradução) – Universidade de Santa Catarina, Florianópolis, 2019.

ARAÚJO, H. F. de. **Práticas de Interpretação Tátil e Comunicação Háptica para pessoa com Surdocegueira**. Petrópolis: Arara Azul, 2019.

BARROS, L. A. **Curso Básico de Terminologia**. São Paulo: Edusp, 2004.

BRASIL. **Lei n.º 10.098, de 19 de dezembro de 2000**. Estabelece normas gerais e critérios básicos para a promoção da acessibilidade das pessoas portadoras de deficiência ou com mobilidade reduzida, e dá outras providências. Brasília, DF: Câmara dos deputados, 2000. Disponível em: https://www2.camara.leg.br/legin/fed/lei/2000/lei-10098-19-dezembro-2000-377651-publicacaooriginal-1-pl.html. Acesso em: 20 abr. 2020.

BRASIL. Ministério da Educação. Secretaria de Educação Especial. **Saberes e práticas da Inclusão**: Dificuldades de comunicação e sinalização: Surdocegueira/múltipla deficiência sensorial. 2. ed. rev. Brasília: MEC/SEESP, 2006. Disponível em: http://portal.mec.gov.br/seesp/arquivos/pdf/surdosegueira.pdf. Acesso em: 20 abr. 2020.

BRASIL. **Decreto n.º 6.949, de 25 de agosto de 2009**. Promulga a Convenção Internacional sobre os Direitos das Pessoas com Deficiência e seu Protocolo Facultativo. Brasília, DF: Casa Civil, 2009a. Disponível em: http://www.planalto.gov.br/ccivil_03/_ato2007-2010/2009/decreto/d6949.htm. Acesso em: 29 ago. 2020.

BRASIL. Ministério da Educação. **Resolução n.º 4, de 2 de outubro de 2009**. Institui Diretrizes Operacionais para o Atendimento Educacional Especializado na Educação Básica, modalidade Educação Especial. Brasília, DF: Câmara da

Educação Básica do Conselho Nacional de Educação, 2009b. Disponível em: http://portal.mec.gov.br/dmdocuments/rceb004_09.pdf. Acesso em: 29 ago. 2020.

BRASIL. **Lei n.º 12.319, de 1 de setembro de 2010**. Regulamenta a profissão de Tradutor e Intérprete da Língua Brasileira de Sinais – LIBRAS. Brasília, DF: Poder Legislativo, 2010. Disponível em: https://pesquisa.in.gov.br/imprensa/jsp/visualiza/index.jsp?jornal=1&pagina=1&data=02/09/2010. Acesso em: 29 ago. 2020.

BRASIL. **Lei n.º 13.005, de 25 de junho de 2014.** Aprova o Plano Nacional de Educação – PNE e dá outras providências. Brasília, DF: Casa Civil, 2014. Disponível em: http://www.planalto.gov.br/ccivil_03/_ato2011-2014/2014/lei/l13005.htm. Acesso em: 29 ago. 2020.

BRASIL. **Lei n.º 13.146, de 6 de julho de 2015.** Institui a Lei Brasileira de Inclusão da Pessoa com Deficiência (Estatuto da Pessoa com Deficiência). Brasília, DF: Presidência da República, 2015a. Disponível em: http://www.planalto.gov.br/ccivil_03/_ato2015-2018/2015/lei/l13146.htm. Acesso em: 29 ago. 2020.

BRASIL. **Projeto de Lei n.º 9.382, de 2017.** Dispõe sobre o exercício profissional e condições de trabalho do profissional tradutor, Guia-Intérprete e intérprete de Libras. Brasília, DF: Câmara dos Deputados, 2017. Disponível em: https://www.camara.leg.br/proposicoesWeb/prop_mostrarintegra;jsessionid=3AFA8614012CDADA9EBA896EC6CAF040.proposicoesWebExterno1?codteor=1801612&filename=Avulso+-PL+9382/2017. Acesso em: 29 ago. 2020.

BRASIL. **Decreto n.º 10.502, em 30 de setembro de 2020.** Institui a Política Nacional de Educação Especial: Equitativa, Inclusiva e com Aprendizado ao Longo da Vida. Brasília, DF: Casa Civil, 2020. Disponível em: https://www.planalto.gov.br/ccivil_03/_ato2019-2022/2020/decreto/d10502.htm. Acesso em: 29 ago. 2020.

CADER-NASCIMENTO, F. A. A. A.; COSTA, M. P. R da. **Descobrindo a surdocegueira**: educação e comunicação. São Carlos: EdUFSCar, 2010.

CAMBRUZZI, R. C. S.; COSTA, M. T. A. F. **Recursos pedagógicos acessíveis para alunos com surdocegueira: um estudo de caso**. 2005. 162 p. Dissertação (Mestrado em Educação Especial) – Universidade Federal de São Carlos, São Carlos, 2005.

CANUTO, Beatriz Santos; SANTANA JÚNIOR, Carlos Alberto; ARAÚJO, Hélio Fonseca; LOURENÇO, Kátia Regina Costa. **Práticas de Interpretação Tátil e Comunicação Háptica para Pessoas com Surdocegueira**. Petrópolis: Arara Azul, 2019.

CARILLO, E. F. P. **Análise das entrevistas de quatro surdocegos adquiridos sobre a importância do guia-intérprete no processo de comunicação e mobilidade**. 2008. 128 p. Dissertação (Mestrado em Distúrbios do Desenvolvimento) – Universidade Presbiteriana Mackenzie, São Paulo, 2008. Disponível em: http://livros01.livrosgratis.com.br/cp100131.pdf. Acesso em: 9 mar. 2021.

CASTRO JÚNIOR, G. de. **Projeto Varlibras**. 2014. 259 p. Tese (Doutorado em Linguística) – Universidade de Brasília, Brasília, 2014.

CASTRO JÚNIOR, G. de. **Variação Linguística em Língua de Sinais Brasileira** – Foco no Léxico. 2011. 123 p. Dissertação (Mestrado em Linguística) – Universidade de Brasília, Brasília, 2011.

CHIAVENATO, I. **Administração**: teoria, processo e prática. Rio de Janeiro: Elsevier, 2007.

COLLINS, S. D. **Adverbial Morphemes In Tactile American Sign Language**. 2004. 125 p. Tese (Doutorado em Filosofia em Estudos Interdisciplinar) – Graduate College of Union Institute and University, Montpelier, 2004. Disponível em: https://www.gallaudet.edu/Documents/Steven%20Collins_ADVERBIAL%20MORPHEMES%20IN%20TACTILE%20AMERICAN%20SIGN%20LANGUAGE.pdf. Acesso em: 10 abr. 2021.

COSTA, M. R. **Enciclolibras**: Produção Sistematizada De Sinais-Termo Em Língua De Sinais Brasileira Em Novos Eixos Temáticos: LSB E LGP ("Proposta Enciclopédica: Enciclosigno Em Contexto"). 2020. 198 p. Tese (Doutorado em Linguística) – Universidade de Brasília, Brasília, 2020. Disponível em: https://repositorio.unb.br/bitstream/10482/40676/1/2021_MessiasRamosCosta.pdf. Acesso em: 1 maio 2021.

COSTA, M. R. **Proposta de modelo de enciclopédia visual bilíngue juvenil**: enciclolibras. 2012. Dissertação (Mestrado em Linguística) – Universidade de Brasília, Brasília, 2012. Disponível em: https://repositorio.unb.br/bitstream/10482/13558/1/2012_MessiasRamosCosta.pdf. Acesso em: 10 mar. 2021.

ESPECIAL Surdocegueira. **Jornal da Ame**, São Paulo, ed. 34, 2002. Disponível em: http://www.ame-sp.org.br/noticias/jornal/novas/tejornal14.shtml. Acesso em: 14 fev. 2020.

FAULSTICH, E. Socioterminologia, mais que um método de pesquisa, uma disciplina. **Ciência da Informação**, Brasília, v. 24, n. 3, p. 281-288, 1995.

FAULSTICH, E. Da linguística histórica à terminologia. **Investigações**, Recife, v. 7, p. 71-101, 1997.

FAULSTICH, E. A Terminologia na Universidade de Brasília. **Terminômetro**, [*s. l.*], v. 1, p. 13-15, 1998. Disponível em: http://www.termilat.info/public/env682.rtf. Acesso em: 30 set. 2008.

FAULSTICH, E. Avaliação de dicionários: uma proposta metodológica. **Organon**, Porto Alegre, v. 25, n. 50, p. 181-220, 2011.

FERREIRA, J. G. D. **Os Intérpretes Surdos e o Processo Interpretativo Interlíngua Intramodal Gestual-visual da ASL para Libras**. 2019. 136 p. Dissertação (Mestrado em Estudos de Tradução) – Universidade Federal de Santa Catarina, Florianópolis, 2019. Disponível em: https://repositorio.ufsc.br/handle/123456789/214607. Acesso em: 10 mar. 2021.

FLICK, Uwe. **A Introdução à Metodologia da Pesquisa Científica**. Fortaleza: UEC, 2010.

GIL, A. C. **Métodos e técnicas de pesquisa social**. 5. ed. São Paulo: Atlas, 1999.

GODOY, A. S. Introdução à pesquisa qualitativa e suas possibilidades. **RAE – Revista de Administração de Empresas**, São Paulo, v. 35, n. 2, p. 57-63, 1995.

IFNMG – Instituto Federal do Norte de Minas Gerais. **Projeto Pedagógico do Curso de Licenciatura em Letras** – Língua Brasileira de Sinais (LIBRAS). Montes Claros: Instituto Federal de Educação, Ciência e Tecnologia do Norte de Minas Gerais, 2017. Disponível em: http://documento.ifnmg.edu.br/action.php?kt_path_info=ktcore.actions.document.view&documentId=20757. Acesso em: 20 abr. 2020.

LOURENÇO, S. E. Guia-Intérprete para pessoa com surdocegueira: Reflexão sobre as tendências e perspectivas de sua formação. **Porsinal**, [*s. l.*], 2012. Disponível em: https://www.porsinal.pt/index.php?ps=artigos&idt=artc&cat=16&idart=107. Acesso em: 11 fev. 2025.

MARTINS, F. C. **Terminologia da Libras**: Coleta e registro de sinais-termo da área de Psicologia. 2018. 198 p. Tese (Doutorado em Linguística) – Universidade de Santa Catarina, Florianópolis, 2018.

NASCIMENTO, C. B. do. **Terminografia Língua de Sinais Brasileira**: proposta de glossário ilustrado semibilíngue do meio ambiente, em mídia digital. 2016. 167 p. Tese (Doutorado em Linguística) – Universidade de Brasília, Brasília, 2016.

NASCIMENTO, F. A. A. A. C.; COSTA, M. da P. R. da. **Descobrindo a Surdocegueira:** Educação e Comunicação. São Carlos: EdUFSCar, 2005.

PORTO VELHO. **Lei n.º 2.629, de 5 de agosto de 2019**. Regulamenta a profissão de Tradutor e Intérprete da Língua Brasileira de Sinais – LIBRAS e Dispõe sobre o exercício profissional e condições de trabalho do profissional tradutor, Guia-Intérprete e intérprete de Libras. Porto Velho-RO: Prefeitura do Município de Porto Velho, 2019. Disponível em: https://sapl.portovelho.ro.leg.br/media/sapl/public/normajuridica/2019/4791/lei_no_2.629_de_05.08.2019_projeto_de_lei_no_3.868.2019_-.pdf. Acesso em: 29 ago. 2020.

PROMETI, R. D. **Glossário bilíngue da língua de sinais brasileira**: Criação de sinais dos termos da música. 2013. 107 p. Dissertação (Mestrado em Linguística) – Instituto de Letras, Universidade de Brasília, Brasília, 2013.

PROMETI, R. D. **Terminologia da língua de sinais brasileira**: léxico visual bilíngue dos sinais-termo musicais – um estudo contrastivo. 2020. 260 p. Tese (Doutorado em Linguística) – Instituto de Letras, Universidade de Brasília, Brasília, 2020.

RODRIGUES, Carlos; BEER, Hanna. Os estudos da tradução e da interpretação de línguas de sinais: novo campo disciplinar emergente? **Cadernos de Tradução**, Florianópolis, v. 35, n. esp. 2, p. 17-45, jul./dez. 2015.

SANTOS, E. C. P. dos. Terminologia, tradução e libras: alguns caminhos para pesquisas. **Transversal – Revista em Tradução**, Fortaleza, v. 4, n. 8, p. 91-104, 2018. Disponível em: http://www.periodicos.ufc.br/transversal/article/download/40070/95885/. Acesso em: 1 mar. 2021.

SILVA, R. C. **Gêneros emergentes em Libras da esfera acadêmica**: a prova como foco de análise. 2019. Tese (Doutorado em Linguística) – Universidade Federal de Santa Catarina, Florianópolis, 2019. 241 p. Disponível em: https://repositorio.ufsc.br/bitstream/handle/123456789/214869/PLLG0782-D.pdf?sequence=-1&isAllowed=y. Acesso em: 11 abr. 2021.

TABELA de Honorários. **Febrapils**, [*s. l.*], 2017. Página Inicial. Disponível em: http://febrapils.org.br/tabela-de-honorarios/. Acesso em: 20 abr. 2020.

TOCANTINS. **Lei n.º 2.977, de 8 de julho de 2015.** Aprova o Plano Estadual de Educação do Tocantins – PEE/TO (2015-2025), e adota outras providências. Palmas-TO: Assembleia Legislativa do Estado do Tocantins, 2015. Disponível em: https://central.to.gov.br/download/209815/. Acesso em: 29 ago. 2020.

TUXI, P. **A Terminologia na língua de sinais brasileira**: proposta de organização e de registro de termos técnicos e administrativos no meio acadêmico em glossário bilíngue. 2017. 232 p. Tese (Doutorado em Linguística) – Universidade de Brasília, Brasília, 2017.

UNIVERSIDADE FEDERAL DE ESPÍRITO SANTO. **Currículo do Curso de Bacharelado em Letras/LIBRAS**. Vitória-ES: Ufes, 2014. Disponível em: http://www.letras.ufes.br/sites/letras.ufes.br/files/field/anexo/lista_disciplinas_libras.pdf. Acesso em: 27 ago. 2020.

UNIVERSIDADE FEDERAL DE GOIÁS. **Projeto Pedagógico do Curso de Graduação em Letras**: Tradução e Interpretação em Libras/Português. Goiânia-GO: UFG, 2014. Disponível em: http://www.letras.ufes.br/sites/letras.ufes.br/files/field/anexo/lista_disciplinas_libras.pdf. Acesso em: 30 nov. 2020.

UNIVERSIDADE FEDERAL DE RIO DE JANEIRO. **Currículo do Curso de Bacharelado em Letras/LIBRAS**. Rio de Janeiro-RJ: UFRJ, 2013. Disponível em: https://www.portal.letras.ufrj.br/images/Graduacao/Projeto_Pedagogico_Letras-UFRJ-BACHARELADO.pdf. Acesso em: 27 ago. 2020.

UNIVERSIDADE FEDERAL DE RIO GRANDE DO SUL. **Currículo do Curso de Bacharelado em Letras/LIBRAS**. Porto Alegre: RS: UFRS, 2013. Disponível em: https://www1.ufrgs.br/Graduacao/xInformacoesAcademicas/curriculo.php?CodHabilitacao=47&CodCurriculo=150&sem=2018022. Acesso em: 27 ago. 2020.

UNIVERSIDADE FEDERAL DE RORAIMA. **Currículo do Curso de Bacharelado em Letras/LIBRAS**. Boa Vista-RR: UFRR, 2015. Disponível em: http://ufrr.br/libras/index.php?option=com_phocadownload&view=category&download=61:ppp&id=10:downloads&Itemid=31. Acesso em: 27 ago. 2020.

UNIVERSIDADE FEDERAL DE SANTA CATARINA. **Currículo do Curso de Bacharelado em Letras/LIBRAS**. Florianópolis-SC: UFSC, 2008. Disponível em: http://cagr.sistemas.ufsc.br/relatorios/curriculoCurso?curso=715&curriculo=20082. Acesso em: 27 ago. 2020.

UNIVERSIDADE FEDERAL DE SANTA CATARINA. **Currículo do Curso de Bacharelado em Letras/LIBRAS**. Florianópolis-SC: UFSC, 2012. Disponível em: http://cagr.sistemas.ufsc.br/relatorios/curriculoCurso?curso=441&curriculo=20121. Acesso em: 27 ago. 2020.

UNIVERSIDADE FEDERAL DE SÃO CARLOS. **Currículo do Curso de Bacharelado em Letras/LIBRAS**. São Carlos-SP: UFSCar, 2015. Disponível em: http://www.

prograd.ufscar.br/cursos/cursos-oferecidos-1/traducao-e-interpretacao-em--lingua-brasileira-de-sinais/PPC_BACHARELADO_TRADUCAO_INTERPRETACAO_LIBRAS_ATUALIZAO_2016.pdf. Acesso em: 27 ago. 2020.

WÜSTER, E. **Introducción a la teoría general de la terminología y a la lexicografía terminológica**. Tradução de Anne-Cécile Nokerman. Barcelona: IULA, 1998. Ebook Kindle Clouder Read.